DISSERTATION
SUR
LA QUESTION DE SAVOIR
SI
LES INSCRIPTIONS
DOIVENT ÊTRE RÉDIGÉES
EN LATIN OU EN FRANÇOIS?

Par M. le Président ROLLAND, *de l'Académie d'Amiens.*

SECONDE ÉDITION.

A PARIS,

Chez P. G. SIMON & N. H. NYON, Imprimeurs du Parlement, *rue Mignon Saint André-des-Arcs.*

M. DCC. LXXXIV.

AVERTISSEMENT
Sur cette seconde Edition.

L'ACCUEIL favorable que le Public, & fur-tout les Gens de Lettres, ont bien voulu faire à mes Ouvrages, dont le Bureau d'Adminiſtration du College de Louis-le-Grand a publié le Recueil au commencement de l'année derniere, m'a engagé à les retoucher. Ceux auxquels j'ai fait le plus d'additions ſont mon *Plan d'Education* (préſenté originairement au Parlement le 13 Mai 1768) & ma *Diſſertation* ſur la queſtion de ſavoir ſi les *Inſcriptions doivent être rédigées en François ou en Latin?* Cette Diſſertation, que je n'ai compoſée qu'en 1782, & pendant l'impreſſion de mon Recueil, n'avoit d'abord été qu'une *note* que j'avois inférée dans mon Plan d'Education; enſuite comme elle s'étoit étendue ſous ma plume, j'avois cru devoir la ſéparer, en indiquant ſeulement qu'elle étoit relative au *ſommaire* 85; mais comme il n'a été tiré que très peu d'exemplaires de mon Recueil, que tous ont été diſtribués en préſent, qu'en conſéquence il n'a pas été vendu, j'ai cru, pour répondre aux demandes qui m'ont été faites, devoir faire réimprimer ſéparément la préſente Diſſertation, qui (vu les additions que j'y ai faites) eſt augmentée d'environ les deux tiers en ſus de ce qu'elle étoit dans le Recueil de mes Ouvrages, réimprimé en 1782 & publié en 1783. Je finirai cet Avertiſſement par répéter ce que j'ai dit dans ma Lettre inférée dans le Journal de Paris (1783, n°. 60), que *je n'attache aucune importance à ce petit Ouvrage*, qui eſt le fruit de quelques momens de loiſir & de mon zele pour la gloire de ma Patrie, ſentiment auſſi naturel à tout François que l'amour pour ſon Souverain, & ſentiment que j'ai puiſé dans la Compagnie illuſtre dont j'ai, depuis *trente-cinq ans*, l'honneur d'être Membre.

TABLE DES SOMMAIRES.

1. De la prééminence de la Langue Françoise sur la Langue Latine ; des Auteurs qui ont traité cette question, ainsi que celle relative aux Inscriptions. Page 3
2. Motifs de la prééminence de la Langue Françoise, & si les Inscriptions doivent être en vers ou en prose ; exception pour celles des Temples & celles des Statues ou des Tableaux. 7
3. Si l'on faisoit les Inscriptions en François, ne seroit-ce pas le moyen de renouveller le système de Perrault en faveur des modernes ? Réponse à cette difficulté, ainsi qu'à celle que l'on ne pourroit mettre en François les bonnes Inscriptions Latines, & de la difficulté des traductions. 12
4. Deux objections contre ce système. 14
5. Réponse à la premiere objection, relative au changement que la Langue Françoise (comme Langue vivante) peut éprouver. Ibid.
6. Réponse à la seconde objection, que la Langue Latine est plus propre que la Françoise pour le style lapidaire. 15
7. Enumération succinte & raisonnée de la plupart des Auteurs des siecles de Louis XIV & de Louis XV. Ibid.
8. Résultat de cette énumération en faveur de la Langue Françoise. 23
9. Des Inscriptions Françoises qui ne le cedent pas aux Latines. 24
10. Vers François aussi précis & aussi énergiques qu'aucuns vers Latins. 28
11. Que plusieurs de nos Auteurs en s'appropriant les idées des anciens, les ont rendues avec autant de précision qu'elles le sont dans les Auteurs Latins. 31

DISSERTATION
SUR LA QUESTION DE SAVOIR
SI LES INSCRIPTIONS
DOIVENT ÊTRE RÉDIGÉES
EN LATIN OU EN FRANÇOIS?

'AI proposé dans mon *Plan d'Education*, & ce, d'après M. *de Morveau*, que l'on se servît en Rhétorique (1) d'exemples François; j'ai pareillement proposé, en adoptant l'idée du Bailliage de *Tours*, de faire enseigner en François (2) quelque partie de la Philosophie, & singulièrement les quatre Articles du Clergé de 1682; j'ai d'autant plus volontiers adopté ces idées, que dès ma jeunesse j'ai toujours été indigné de l'oubli auquel nous condamnons notre propre Langue (3), & de la préférence que nous donnons à la Langue Latine, spécialement pour les Inscriptions; en conséquence, j'ai cru devoir discuter cette question, qui a déja été agitée plusieurs fois, & notamment dans le siecle dernier; mais je ne suivrai ni *Henri Etienne*, dans son projet de *la précellence du Langage François* (4), ni *Le Laboureur*, dans ses *Avantages de la*

_{1.}
De la prééminence de la Langue Françoise sur la Langue Latine des Auteurs qui ont traité cette question, ainsi que celle relative aux Inscriptions.

---

(1) *Sommaire* 77, *note* 163.

(2) *Sommaires* 99 & 100. C'est aussi le sentiment du célebre *Fleury* dans son *cinquieme Discours sur l'Histoire Ecclésiastique*, n°. 16.

(3) La feue IMPÉRATRICE REINE pensoit bien autrement, elle étoit pénétrée du principe de M. *de Morveau*, que j'ai cité ci-dessus, en conséquence elle a ordonné que le Professeur de la *Théologie polémique* (l'un des sept Professeurs que cette Princesse a établis en 1778 pour l'enseignement de la Théologie,) donneroit tous les jours une leçon en Langue vulgaire. (*Voyez* la *note* 168 de mon *Plan d'Education*).

(4) Vol. in-12, 1579, Paris, chez *Mamert Patisson*, Imprimeur du Roi. Environ vingt ans

A ij

Les Inscriptions doivent-elles être rédigées Langue Françoise sur la Langue Latine (5), ni même *Charpentier*, soit dans son Livre où il cherche à prouver que *l'Inscription de l'arc de triomphe doit être en François* (6), soit dans celui qu'il composa ensuite sur *l'excellence de la Langue Françoise* (7). En effet, ces différens Ouvrages, ainsi que plusieurs autres qui furent faits dans le même tems, & qui avoient le même objet, ne m'ont pas paru traiter cette question avec la précision & la netteté que j'y desirerois ; les bonnes choses qui y sont répandues, m'ont paru tellement noyées, que je ne serois pas étonné que la lecture de plusieurs de ces Ouvrages, (& particuliérement de ceux de *Charpentier*) fût plutôt capable de confirmer les Lecteurs

---

auparavant (en 1580) Joachim *du Bellay* avoit traité la même question dans un Ouvrage intitulé *Défense & illustration de la Langue Françoise*. On peut aussi consulter le Chapitre Ier du tome premier de *la Bibliotheque Françoise*. L'Abbé Goujet l'a uniquement consacré aux Auteurs qui ont traité de *l'origine & de l'excellence* de notre Langue ; *voyez* enfin l'Ouvrage d'*Abel Mathieu*, Sieur *de la Moystardiere*, intitulé : *Devis de la Langue Françoise*, imprimé en 1572. Cet Auteur y propose « de rendre *Platon* & *Aristote*, Bourgeois de nos villes, & de les » habiller non plus à la grecque, mais à la françoise ».

(5) Vol. *in*-12, 1669, Paris, chez *Guillaume de Luyne*.

(6) 2 Vol. *in*-12, Paris, 1682, chez *la veuve Bilaine*. Pour n'oublier aucuns des Ouvrages qui furent faits alors, je dois observer que l'Abbé *Bourzeis*, quoique de l'Académie Françoise, soutint la cause de la Langue Latine ; le P. *Lucas*, Jésuite, se joignit à lui. J'ajouterai que personne n'ayant répliqué au second Ouvrage de *Charpentier*, il regarda ce silence comme une victoire, & Madame Deshoulieres l'en félicita par une Balade assez jolie. Mais la vérité m'oblige de convenir que cette Balade étoit inférieure au Sonnet du même Auteur en faveur de la Phedre de Pradon, que Madame Deshoulieres préféroit à celle de Racine. On trouvera au surplus dans la *Bibliotheque Françoise*, à l'endroit que j'ai déja cité, l'extrait de tous les Ouvrages qui furent faits à ce sujet, ou dans lesquels la même question a depuis été traitée ; on peut y recourir, l'Abbé Goujet y observe (page 11) que « l'avis de M. *Colbert* étoit que les Inscriptions de l'arc de triomphe » fussent en François ; (que) c'étoit aussi celui de M. *Perrault*, de l'Académie Françoise, qui avoit » beaucoup de crédit sur l'esprit de ce Ministre, & (que) peut-être étoit-ce lui qui avoit déterminé » M. *Colbert* ; (Que) le plus grand nombre des Membres de la même Académie opinoit de » même ; (qu'ils) firent entendre qu'on ne devoit point faire cette espece d'affront à la Langue, » qui est, par leur état, l'objet de leurs soins & de leurs veilles, de la déclarer en quelque sorte » indigne de célébrer les actions du Roi sur un monument public érigé en François ».

(7) Vol. *in*-12, 1676, Paris, chez *Claude Barbin*. Cette contestation s'est élevée au sujet d'un arc de triomphe que la ville de Paris commença à faire élever en 1670, dans le faubourg Saint Antoine, près de l'endroit où Louis XIV avoit, le 26 Août 1660, reçu sur son trône l'hommage de tous les habitans de Paris. Cet arc de triomphe, qui n'avoit été fini qu'en plâtre, & dont les desseins étoient de *Perrault* (Claude), fut détruit pendant la Régence : on peut en voir les desseins à la Bibliotheque du Roi & la description dans le tome Ier du Dictionnaire de la Ville de Paris, imprimé en 1779, & rédigé par les sieurs *Hurtaut* & *Magny*, pag. 285 & suivantes. Il en est aussi fait mention dans *Paris ancien & nouveau* de *Lemaire*, imprimé en 1685, tome III, p. 222. Cet Auteur y parle de la contestation qui s'éleva alors sur la Langue dans laquelle on devoit rédiger les Inscriptions de ce célebre monument.

dans l'opinion favorable à la Langue Latine, que de les déterminer en faveur de la Langue Françoise; cependant je dois convenir que *Charpentier* marquoit dans une de ses lettres, que ses Ouvrages « avoient fait résoudre le Roi (Louis XIV) de faire effacer » les Inscriptions Latines de tous les tableaux historiques de la grande galerie de Ver- » sailles, & d'y en mettre de Françoises, comme il y en a présentement ». Mais plusieurs Ecrivains contemporains donnent un autre motif au changement des Inscriptions dans la galerie de Versailles. Quoi qu'il en soit, il me paroît nécessaire d'observer que cette question s'est depuis renouvellée plusieurs fois.

Un manuscrit (8) du célebre *le Beau*, qui m'a été communiqué, m'a appris que M. *Levesque de la Ravaliere*, (admis à l'Académie des Inscriptions en 1743 & décédé en 1762), « s'étant persuadé que le Latin venoit originairement du François, pro- » posa dans l'Académie (des Inscriptions), de remettre les choses dans l'ordre naturel » & de rendre à la Langue mere les droits que la fille avoit usurpés. Il fut si peu écouté, » que personne ne se crut obligé de lui répondre », & cela n'étonnera pas; car il faut convenir que la prétention de M. *de la Ravaliere*, de donner l'ancienneté à la Langue Françoise sur la Latine étoit absurde, & il me faut l'autorité précise de *le Beau* pour im- puter une pareille erreur, (pour ne pas dire davantage), à un Académicien. Quoi qu'il en soit, un Auteur plus connu (l'Abbé *le Batteux*, mort en 1780,) réveilla il y a quinze ans cette contestation; « il donna (dit *le Beau* dans le discours dont je viens de » parler) une nouvelle force aux raisons de *Charpentier*, en les resserrant en un *petit* » *volume* (9); il y a joint quelques réflexions, » & c'est pour y répondre que *le Beau* composa le discours qui ne m'a été communiqué, que depuis l'impression du Recueil de mes Ouvrages où j'ai inséré la présente Dissertation; je n'y ai trouvé aucunes réflexions auxquelles je n'eusse déja répondu; en conséquence je ne m'y arrêterai pas davantage & je passerai tout de suite aux derniers Auteurs qui ont traité cette question. *Voltaire* en a parlé, mais sans la discuter (10); *Linguet* l'a effleurée en 1773, dans une lettre insérée dans l'Année Littéraire (11); enfin, M. *Roucher* (Auteur du Poëme des Mois), a renouvellé la dispute par une lettre datée du premier Janvier 1783, qui a été insérée dans le n°. 13 du Journal de Paris. Un Savant en *Us* lui a répondu; quelques autres personnes ont employé la même voie pour combattre le systême de M. *Roucher*

---

(8) Il est daté du 24 Juillet 1770, & est intitulé : *Discours prononcé devant l'Académie des Inscriptions & Belles-Lettres, pour répondre à M. l'Abbé le Batteux, qui proposoit d'introduire l'usage des Inscriptions Françoises sur les monumens publics.*

(9) Quelques recherches que j'aie faites, il m'a été impossible de trouver le *volume* de *le Bat- teux*, dont parle *le Beau*, apparemment qu'il est resté manuscrit, ainsi que la réponse que *le Beau* y avoit faite.

(10) Voyez l'*Essai sur l'Histoire générale*, &c. 1756, tome 7, Chap. 204 & 214, p. 25 & 212.

(11) Tome Ier, pag. 50--63. Voyez une réponse à cette lettre de Linguet dans le *Mercure* d'Avril 1773, tome II, p. 101 & suiv.; mais l'Auteur de cette réponse n'y a pas traité l'objet des Inscriptions en Langue Françoise.

ou pour foutenir fon opinion (12). Il a de plus paru, dans le mois de Mars 1783, une brochure anonyme, dont l'Auteur adoptoit en entier le fentiment de M. *Roucher* & le mien ; j'en joins ici une notice (13), & j'obferverai que ma Differtation étoit imprimée

---

(12) *Voyez* les numéros 13, 25, 38, 55, 58, 60, 61 & 70.

(13) Cette brochure eft un *in*-12 de 52 pages, imprimé fous le titre d'*Amfterdam*. L'Auteur y prétend que la folution de la difficulté relative aux Infcriptions dépend de celle des quatre queftions fuivantes.

« 1°. Eft-il vrai que les Langues vivantes s'alterent toujours auffi vite que le prétendent les
» adverfaires du fyftême des Infcriptions en François ?

» 2°. C'eft par un orgueil déplacé & parce que la Langue Grecque étoit vivante que les
» Romains ne mettoient pas d'Infcriptions Grecques fur leurs monumens.

» 3°. Eft-il vrai que la plupart des Lecteurs entendent le Latin, & qu'il ne faut pas faire
» d'Infcriptions pour le peuple ?

» 4°. Enfin, n'y a-t-il pas des inconvéniens fans nombre à infcrire nos monumens dans la
» Langue morte d'un peuple dont l'efprit & les ufages différoient totalement des nôtres » ?

On voit que l'Auteur de cette brochure a eu à peu près les mêmes idées que moi ; il y en a quelques-unes qu'il a plus développées ; je me contenterai d'y renvoyer mes Lecteurs ; (ils en trouveront l'extrait dans le n°. 127. du Journal de Paris de 1783), ce qui me difpenfe de m'étendre à ce fujet ; cependant je n'ai pu me refufer à inférer ici l'obfervation qu'il fait en difcutant la troifieme queftion, elle part d'un bon citoyen, & tout ce qui peut augmenter l'amour des François pour nos Rois, eft trop précieux pour n'en point faire ufage.

» Si (obferve cet anonyme) au lieu de toutes les Infcriptions Latines qui couvrent le pié-
» deftal de la ftatue d'Henri IV, on eût mis cette Infcription Françoife fi fimple :

HENRI IV,
Vainqueur & Pere de fes Sujets,
S'occupoit de leur bonheur
Lorfqu'il tomba fous le poignard
Du Fanatifme,
L'an 1610.

» Croit-on qu'un homme du peuple lût une telle Infcription fans être ému ? Croit-on qu'il ne
» fe feroit pas expliquer l'hiftoire de ce bon Roi, & qu'aux regrets qu'il donneroit à fa mémoire,
» il ne joindroit pas un fentiment d'horreur pour les atrocités que le fanatifme fait commettre ?
» Et ne feroit-ce pas l'intérêt du Gouvernement d'infpirer au peuple de tels fentimens ? Au-
» jourd'hui il ouvre de grands yeux, prend les Infcriptions pour du grimoire & paffe fon chemin
» fans que le monument lui laiffe d'autre idée que celle d'un homme à cheval.

» Tout Gouvernement éclairé lui-même ne craindra point d'éclairer le peuple. Par la nature
» des chofes on a plus à redouter en lui le défaut que l'excès des lumieres, puifque la multitude
» n'a pas le tems de s'inftruire. Laiffer le peuple dans la ftupidité & la baffeffe, & vouloir en
» même tems en impofer aux autres Nations par notre magnanimité, par notre courage, par
» tout ce qui fait des héros & des patriotes, c'eft une abfurdité.

» De tous les moyens d'élever un peu fon ame, celui de mettre à fa portée les Infcriptions
» de nos monumens eft certainement le moindre ; mais c'eft le plus facile, le moins fujet à
» inconvéniens, & les effets qu'il pourroit produire font fi peu à dédaigner, que je les regarde
» comme le motif le plus preffant pour mettre les Infcriptions en Langue Françoife ».

en Latin ou en François ? 7

dès le mois d'Août 1782, mais ne devoit paroître qu'avec le Recueil dont elle faisoit partie (qui n'a été distribué qu'en Avril 1783). Comme j'employois dans cette Dissertation plusieurs des réflexions de M. *Roucher*, & même des autorités dont il s'est servi pour appuyer son opinion, j'ai craint que l'on ne m'accusât d'être *plagiaire*, j'ai en conséquence réclamé à ce sujet dans le Journal de Paris (1783, n°. 60). Au surplus, sans faire étalage d'autant d'érudition, que *Charpentier*, & que la plus grande partie des Auteurs que je viens de citer, je réunirai dans *sept* observations les raisons qui me paroissent militer pour faire les Inscriptions en Langue Françoise.

I. Peut-on se flatter de *parler correctement la Langue Latine ?* Et croit-on que si Ciceron & les Auteurs de la bonne Latinité lisoient nos Inscriptions, ils les approuveroient ? Je suis d'autant plus autorisé à proposer ce doute, que j'ai en faveur de mon opinion le judicieux *Boileau*. Cet Auteur célebre étoit si pénétré de cette vérité, qu'il l'avoit même développée dans un dialogue qu'il avoit fait pour montrer *que l'on ne sauroit bien parler ou du moins s'assurer que l'on parle bien une langue morte.* J'avouerai que Boileau n'a pas fait imprimer ce dialogue : on prétend même qu'il ne l'a jamais confié au papier ; mais son Commentateur & son ami, (M. Brossette), nous en a conservé un fragment (14) que je n'insérerai pas ici, parce qu'il est trop long.

2.
Motifs de prééminence, de Langue Françoise, & si les Inscriptions doivent être en vers ou en prose exception pour c... les des Temp... & celles des fl... tues ou des t... bleaux.

II. Il y a plus d'un siecle que *Bouhours* écrivoit que l'on parloit François dans toutes les Cours de l'Europe, ce qui n'est pas étonnant, si l'on observe que dès le tems de *Saint Louis* la Langue Françoise étoit *la plus commune* (15). Elle avoit cette obligation à l'étendue des pays qui avoient été soumis à Charlemagne & à ses successeurs, mais surtout aux conquêtes faites par les François ou ceux qui en parloient la Langue. Les Héros Normands la porterent en Sicile ; Guillaume-le-Conquérant en Angleterre, & les armées des Croisés qui établirent jusqu'en *Syrie*, un Royaume qui fut soumis à des Souverains François (*Godefroi de Bouillon*, &c.) rendirent notre Langue familiere dans tous les pays où elles s'arrêterent. *Voltaire*, dont j'ai déja revendiqué le suffrage, observe « (que) notre Langue est devenue la Langue de l'Europe, (que) tout y a
» contribué, les grands Auteurs du siecle de Louis XIV, ceux qui les ont suivis, les
» Pasteurs Calvinistes réfugiés qui ont porté l'éloquence, la méthode dans les pays
» étrangers ; un *Bayle* sur-tout qui écrivant en Hollande, s'est fait lire de toutes les
» Nations ; un *Rapin Thoiras*, qui a donné en François la seule bonne Histoire d'An-
» gleterre (16) ; un *Saint-Evremond*, dont toute la Cour de Londres recherchoit le

---

(14) *Voyez* ce fragment dans les anciennes éditions, en *note* de la Préface de l'édition de 1674. M. de Saint-Marc, dans sa belle édition de 1747, cinq vol. in-8°., l'a placé tome III, pag. 55--62.

(15) On en trouve la preuve dans un Ouvrage de *Brunetto Latini*, mort en 1295, intitulé : *Le Trésor*, que cet Auteur a rédigé en Langue Françoise, parce qu'elle est, dit-il, *la plus délitable & la plus commune à tous les langaiges*. Cet Ouvrage n'a jamais été imprimé, mais il se trouve en manuscrit dans quelques Bibliotheques, notamment dans celle de M. le Marquis de Paulmy, qui en parle dans le tome N des *Mélanges tirés d'une grande bibliotheque*, p. 102.

(16) *Voyez* ci-après *sommaire* 7, quelques modifications à cet éloge.

» commerce ; la Ducheſſe *de Mazarin*, à qui l'on ambitionnoit de plaire ; Madame
» *d'Olbreuſe*, devenue Ducheſſe *de Zell*, qui porta en Allemagne toutes les graces
» de ſa patrie (17) » ; enfin un Auteur (18) qui écrivoit au commencement de
ce ſiecle , remarque que notre Langue « a réduit le Latin à des bornes étroites
» dans le lieu de ſon domaine ; que de plus on l'entend hors du Royaume, dans des
» Etats qui ont poli & enrichi la leur : on la parle chez des peuples qui par une jalouſie
» invétérée contre notre Nation, feroient par inclination les plus portés à la bannir.
» L'Eſpagne, l'Italie, l'Angleterre, & plus encore tous les Etats du Nord, ſont entraînés
» par ce torrent ; & c'eſt preſcrire des bornes trop étroites que de dire ſeulement avec
» un Cardinal, célebre par ſes ambaſſades, qui vit, à l'inſtallation d'un Roi étranger,
» toutes les congratulations publiques & privées faites en François, *que c'eſt aujourd'hui*
» *la Langue de l'Europe* ».

III. Les *traités* qui reglent le ſort des Empires, ſe *rédigent en François ;* c'eſt dans cette
Langue qu'a été écrit le dernier traité entre les Ruſſes & les Turcs (en 1774), & c'eſt
à ce fait que M. *de la Harpe* fait alluſion lorſqu'il fait dire à *Horace*, dans ſa réponſe à
Voltaire :

> Des intérêts des Rois, votre Langue eſt l'arbitre ;
> Diſputant contre *Orlof*, l'Orateur du Divan,
> *Oſman*, plaide en François les droits de ſon Sultan ;
> Et, dans Fokiani, le Turc & la Ruſſie
> Décident en François du deſtin de l'Aſie.

Enfin les différens traités qui en 1783 ont pacifié les deux mondes, ont été écrits dans
notre Langue. Je remarquerai de plus que les *pouvoirs de l'Impératrice de Ruſſie* (qui dans
la derniere paix a rempli les fonctions de Médiatrice,) étoient en *François*. C'étoit auſſi
en *François* qu'étoient rédigés les *pouvoirs* que le Comte de *Belle-Iſle* remit en 1740 à
la *Diete de Francfort*, pour l'élection de l'Empereur *Charles VII* (19).

IV. Dès le commencement de ce ſiecle, le Czar Pierre-le-Grand a établi des Ecoles
Françoiſes à *Péterſbourg* & à *Moſcow*, & notre *Langue* eſt celle dont on ſe ſert non
ſeulement dans l'Académie des Sciences de Péterſbourg (20), mais dans celle que l'Impératrice Catherine II vient de fonder à l'inſtar de l'Académie Françoiſe, & pour faire
fleurir la *Langue Ruſſe*.

---

(17) *Eſſais ſur l'Hiſtoire générale*, tome 7, page 25.

(18) Le P. *Gaichiés*, Oratorien, mort le 5 Mai 1731, âgé de 83 ans. *Voyez* le quatrieme de
ſes diſcours académiques, qui fait partie du Recueil de ſes œuvres, imprimées en un volume *in-*12.
à Paris en 1737.

(19) *Additions à l'Eſſai ſur l'Hiſtoire générale*, 1763, page 387.

(20) *Voyez* dans les nouvelles de la République des Lettres & des Arts, 1783, n°. 13, de
Paris le 26 Mars, le Diſcours prononcé par S. E. la Princeſſe *Catherine Romaixwna Daſcklow*,
(Dame d'Honneur de S. M. I. & Chevaliere de l'Ordre de Sainte Catherine,) en prenant, le
31 Janvier 1783, poſſeſſion de la place de *Directeur de l'Académie Impériale de Saint-Péterſbourg*,

V.

en Latin ou en François?

V. Le *Roi d'Angleterre* donne en François son consentement royal aux Bills, par ces mots : *le Roi le veut.*

VI. Les inscriptions sont faites, *premierement pour les citoyens*, & sûrement il n'y a pas un *dixieme* de François qui entendent le Latin. Je penserois que c'est pour remédier à cet inconvénient, que les inscriptions de la place des Victoires sont d'un côté en Latin & en François de l'autre (21), & que l'on a enfermé dans le ventre du cheval de Henri IV un parchemin sur lequel on a écrit en François les noms des principaux Officiers qui assisterent à l'inauguration de cette statue qui fut faite le 23 Avril 1614 (22). J'observerai qu'il paroîtroit que mon systême prend faveur, & j'en rapporterai trois preuves.

1°. Les Inscriptions de la plaque de cuivre & de la médaille qui ont été enfermées dans la premiere pierre du marché de la Couture, posée le 20 Août 1783, sont en François (23), ce qui n'a pas été fait lors de la pose de la premiere pierre de l'Eglise de Sainte-Genevieve (posée par Louis XV le 6 Septembre 1764) ni de celle de la place aux Veaux (en 1778), dont les Inscriptions sont en Latin.

2°. L'Inscription qui vient d'être (*Décembre* 1783) placée à *Dôle* (24) sur la statue pédestre du ROI :

A LOUIS XVI, AGÉ DE VINGT-SIX ANS.

Que l'on compare cette Inscription à celle que les Etats de Languedoc ont, pendant

---

place à laquelle elle avoit été nommée par sa Souveraine le 28 du même mois, & la réponse de M. *J. A. Euler*, faisant les fonctions de Secretaire ; *ces deux Discours ont été prononcés en François*. Et dans le n°. 38 du même Ouvrage périodique, date du 17 Décembre 1783, le Discours *François* que la même Princesse *Dascklow* (aussi placée par l'Impératrice à la tête de la nouvelle Académie qu'elle a fondée pour *former & perfectionner la Langue Russe*) a prononcé le 2 Octobre en installant cette nouvelle Académie.

(21) *Journal de Paris* de 1783, n°. 70.

(22) *Idem*, n°. 113.

(23) N°. 38 du *Mercure* de 1783, du 20 Septembre, pages 127 & 128.

(24) L'inauguration de cette statue s'est faite le 14 Décembre 1782 ; l'Auteur de cette Inscription (M. *Philippon de la Madeleine*, Trésorier de France à Besançon) en avoit fait une autre en quatre vers qui m'ont tellement paru l'expression de tout ce que les François sentent pour le ROI, que j'ai cru devoir les joindre ici en note.

» LOUIS, de son domaine a banni l'esclavage ;
» A l'Amérique, aux mers, il rend la liberté.
» Ses Loix sont des bienfaits ; ses projets sont d'un Sage,
» Et la gloire le montre à l'immortalité.

On trouve dans la lettre, datée de Besançon, du 27 Décembre 1783, inférée dans le *Journal Général de France*, du 6 Janvier 1784, & dont j'ai tiré ces Inscriptions, que « cette statue est » la premiere que la Franche-Comté ait érigée aux Rois de France, & qu'elle est aussi la » premiere que la France ait consacrée au Monarque qui nous gouverne ». *Voyez* aussi la *Gazette de France* du 16 Janvier 1784.

B

la Régence, fait graver fur la ftatue de Louis XIV, qu'ils ont fait élever à *Montpellier*, & je crois que l'on penfera comme M. *Roucher* (25) que cette Infcription feroit plus belle & plus noble fi on y avoit infcrit feulement ces mots :

A LOUIS XIV, APRÈS SA MORT.

3°. L'*Académie de Nanci*, en invitant les Savans de compofer une Infcription pour être placée fur la nouvelle porte que l'on conftruit à *Nanci*, & qui fera nommée la *Porte de Stainville*, leur laiffe la liberté de la rédiger en Latin ou en François (26) ; cette Académie choifira, le 8 Mai 1784, dans le nombre des Infcriptions qui lui feront adreffées, celle qui lui paroîtra la meilleure & la mieux remplir les différens événemens (27) qu'elle defire que cette Infcription tranfmette à la poftérité.

J'ajouterai de plus, & c'eft une obfervation que je dois à *Voltaire* & à un anonyme qui a pris la défenfe de M. *Roucher*, « qu'il y a une efpece de barbarie de latinifer des
» noms François que la poftérité méconnoîtra (28)........ & qu'il eft impoffible de
» rendre en Latin ce que la plupart de nos Infcriptions modernes doivent pourtant
» exprimer, les noms de *dignités*, de *charges* & d'*emplois* (29) ».

VII. Je crois pouvoir donner comme certain : 1°. qu'il y a en Europe (en y comprenant les François) plus de perfonnes qui entendent le François, qu'il n'y en a qui entendent le Latin : 2°. que tous les Savans de l'Europe qui entendent la Langue Latine, entendent auffi la Françoife. Je pourrois même ajouter que la multiplicité des productions de tout genre, écrites dans notre langue, en néceffite l'étude à tous les Savans, c'eft une remarque que je dois au Pere *Wieft*, Profeffeur de Théologie dans l'Univerfité d'*Ingolftad*, qui, dans fes Inftitutions théologiques, dit pofitivement « qu'un Théologien
» Allemand doit favoir, non-feulement la Langue Latine, mais la Langue Françoife,
» pour pouvoir lire les excellens ouvrages théologiques que nous avons en cette Langue.
» Car (obferve ce Profeffeur) qui ne connoît pas les ouvrages théologiques de *Boffuet*,

---

(25) On trouvera cette Infcription dans fa lettre inférée dans le n°. 13 du Journal de Paris, 1783 ; elle eft ainfi conçue :

Ludovico Magno
Regnanti
Comitia Occitaniæ
Vovere
Sublato ex oculis
Pofuere.

(26) *Voyez* le Journal Général de France, du 22 Décembre 1783, n°. 356.

(27) « Cette Infcription écrite en François ou en Latin, en vers ou en profe, doit rappeller
» la naiffance de Monfeigneur le Dauphin, l'heureux événement de la paix, & confacrer la
» reconnoiffance de la Lorraine & de fa Capitale pour les grands fervices que M. *le Maréchal*
» *de Stainville* ne ceffe de leur rendre, *idem* ».

(28) *Effai fur l'Hiftoire Générale*, tom. 7, Chap. 214, p. 213.

(29) *Voyez* la lettre d'un Anonyme dans le n°. 70 du *Journal de Paris* de 1783.

» de *Nicole* & d'*Arnauld*, où il eft (fuivant lui) plus facile de puifer une folide con-
» noiffance de la théologie que dans une multitude de fcholaftiques (30) » ?

De ces différentes obfervations, il me paroîtroit naturel d'induire que les infcriptions devroient être rédigées en Langue Françoife; je ne peux pourtant me difpenfer de convenir avec M. Roucher (31) qu'il faudroit toujours conferver les infcriptions de nos Eglifes en Langue Latine. La raifon qu'il en donne, me paroît trop jufte pour ne pas adopter l'exception qu'il propofe à ce fujet. « Nos livres facrés fourniffent ordinairement (dit
» M. Roucher) les infcriptions placées fur le frontifpice de nos temples, & le refpect
» que nous devons à ces livres, femble exiger qu'on emploie les propres paroles du
» texte ». J'adopterois auffi l'obfervation de l'anonyme dont la lettre eft inférée dans le Journal de Paris (de 1783, n° 268), qui defireroit que les infcriptions des ftatues des grands hommes de notre Nation fuffent en vers François. Je penferois même que cette loi devroit être générale pour toutes les infcriptions, à moins qu'elles ne fuffent trop courtes pour former un vers; j'en donnerai pour exemples les deux infcriptions de la ftatue du Roi & de celle de Louis XIV, que je viens de rapporter. Mais je voudrois qu'elles exprimaffent toujours une idée grande & noble. Enfin, je croirois, comme cet anonyme, qu'il n'eft pas néceffaire que les infcriptions ne foient qu'en deux vers. Il ne faut pas mettre trop d'entraves au génie. Celle des vers eft plus que fuffifante. D'ailleurs ce qui eft bon & beau, n'eft jamais trop long. Il eft vrai cependant que deux vers font ordinairement plus que fuffifans pour une infcription. Au furplus j'ai cru devoir joindre ici en note (32) les raifons que l'anonyme donne pour foutenir fon avis, & je les appuierai, en obfervant que l'infcription rapportée ci-deffus (*note* 13) paroîtroit fûrement meilleure, fi elle étoit en vers. J'ajouterai que *le Beau*, quelque partifan qu'il fût de la Langue Latine, avouoit (dans le difcours dont j'ai déja parlé) que les infcriptions des tableaux devoient être en François, j'inférerai ici fes obfervations à ce fujet, parce que quoiqu'il les emploie pour foutenir que les infcriptions doivent être en Latin, il me paroît que je peux les revendiquer en faveur de mon opinion.

---

(30) « Verum non minus in hâc linguâ præftantiffima opera Theologica habeamus. Quis enim
» nefcit opera Theologica *Boffueti*, *Nicolei* & *Arnaldi*, in quibus folidam fcientiam theologicam
» longè facilius addifcere poffumus, quam in fexcentis fcholafticorum compendiis ». Page 180 du 1er volume des *Inftitutions théologiques* du Pere *Wieft* (de l'Ordre de Citeaux), imprimées en 1782, & par lui dédiées à fon Souverain, l'Electeur Palatin, Duc de Baviere. L'Univerfité d'Ingolftad, fituée en Baviere, a été fondée en 1410.

(31) *Voyez* fa 1ere lettre inférée n° 13 du Journal de Paris de 1783.

(32) « Je croirois que les infcriptions deftinées à des ftatues des grands hommes qui font
» nés ou morts en France, doivent être en vers François .... 1°. parce qu'à l'aide de la mefure
» & du rhythme un vers fe grave bien mieux dans la mémoire qu'une ou plufieurs lignes de profe
» dépouillées de cet ornement ; 2°. parce que la plupart des grands hommes ont cultivé ou
» protégé les Arts, & fur-tout la Poéfie ; 3°. enfin parce que des ftatues de grands hommes
» qui doivent décorer un *Mufœum*, c'eft-à-dire, un Temple confacré aux Mufes, doivent être
» parées des Chiffres de ces Immortelles ».

« Despreaux & Racine (dit le Beau) ont fort raisonnablement jugé que les inscrip-
» tions des tableaux devoient être en Langue Françoise. Ces sortes d'étiquettes
» n'ont rien de commun avec les inscriptions des monumens; ce ne sont que des in-
» dications de l'objet représenté. Les inscriptions des marbres & des bronzes ne sont
» pas faites pour annoncer la figure; elles en sont l'ame ; elles ne doivent pas dire
» ce que représente le monument, mais pourquoi il est érigé ».

Malgré mon attachement à la Langue Françoise, j'avouerai cependant que l'on peut faire plusieurs objections contre mon système. Avant de les exposer & de tâcher de les résoudre, je crois devoir répondre à une inculpation qui m'a été faite par plusieurs personnes dont les talens & les connoissances méritent, de ma part, la plus grande déférence.

Il seroit naturel, m'a-t-on objecté, de conclure de votre dissertation que l'on peut, & peut-être même que l'on doit négliger l'étude des anciens, ce qui porteroit un coup funeste à la Littérature Françoise.

J'avoue que si ce que je propose avoit cet inconvénient, il faudroit le rejetter sans aucun autre examen. Mais peut-on raisonnablement me faire cette objection ? Je ne le pense pas. En effet, il est aisé de reconnoître dans tous mes Ouvrages que je n'adopte nullement le système imaginé le siecle dernier par *Perrault* (Charles). En admirant les modernes, je n'en accorde pas moins aux anciens le tribut de reconnoissance & même de vénération que nous leur devons, comme à nos modeles & à nos maîtres en littérature ; que l'on consulte mon *Plan d'Education*, & sur-tout les *sommaires* 82 & 83, on y verra que j'y recommande l'étude des Langues Grecque & Latine, & des bons Auteurs qui ont écrit dans ces Langues, comme étant nécessaire pour se former le goût; que de plus j'y regrette l'oubli où sont tombées les Langues savantes (l'Hébreu & le Siriaque, &c.) & que j'y fais des vœux pour que leur étude devienne plus familiere.

Sans les Ouvrages immortels d'*Homere*, nous n'aurions peut-être jamais eu ni l'*Enéide* ni *Télémaque*. Il est certain que c'est dans les Ouvrages des anciens que nos Auteurs les plus célèbres ont puisé une très-grande partie des beautés que nous admirons dans leurs productions. La lecture de presque tous les écrits des modernes qui passeront à la postérité, convaincra de cette vérité. Je me contenterai donc de renvoyer aux Œuvres de *Boileau*, de *Racine* & de *Moliere*. On sait l'usage qu'ils ont fait des Auteurs anciens, & qu'ils se sont approprié, non-seulement plusieurs de leurs idées, mais encore quelques-uns de leurs Ouvrages que souvent ils ont même embellis. Pour le prouver, je citerai quelques vers de Boileau que je rapprocherai de ceux qu'il a imités (33). Tous ceux qui savent le Latin, ont sûrement comparé l'Amphitrion de *Moliere* avec celui

---

3.
Si l'on faisoit les Inscriptions en François, ne seroit-ce pas le moyen de renouveller le système de Perrault en faveur des modernes ? Réponse à cette difficulté, ainsi qu'à celle que l'on ne pourroit mettre en François les bonnes Inscriptions Latines, & de la difficulté des traductions.

(33) *Post equitem sedet atra cura.* (Satyres d'Horace).
Le chagrin monte en croupe & galoppe avec lui.
Si natura negat, facit indignatio versum. (Satyre 1re de Juv.)
La colere suffit & vaut un Apollon.
    Hoc quod loquor inde est. (Satyres de Perse.)
Le moment où je parle est déja loin de moi.

de *Plaute*, & ont préféré la Comédie de l'Auteur François, au moins dans les scenes des deux *Sofies*. Celui de *Moliere* est supérieur à celui de *Plaute*, parce qu'il est plus plaisant. Cette supériorité tire son origine de ce que *Moliere*, ainsi que tous les Auteurs qui ont fouillé dans les riches mines des anciens, ne se sont pas bornés à traduire ce qu'ils imitoient; *Voltaire* est peut-être de tous les Auteurs celui qui a le plus eu le talent de s'approprier les idées de ceux qui l'ont précédé, & de les rendre neuves par la maniere dont il les employoit; c'est un avantage dont les traducteurs ne peuvent pas jouir. Aussi avons-nous si peu de bonnes traductions, sur-tout des Poëtes, qui je crois devroient toujours être traduits en vers; & le très-petit nombre de traductions que nous en avons, est souvent plutôt une imitation qu'une traduction. Je me dispenserai de citer des preuves; mais mon lecteur y suppléera, & ne sera pas étonné de la disette des traducteurs, lorsqu'il réfléchira qu'il est bien rare que la beauté d'un texte ne tienne qu'à l'idée qu'il présente. Les expressions dont l'Auteur s'est servi, leur arrangement, leur réunion, le tour de la phrase, le génie de la Langue que l'Auteur a, pour ainsi dire, ployé pour exprimer son idée, & que l'on peut comparer à un miroir qui a réfléchi l'image que l'Auteur vouloit présenter, tout participe & concourt à la beauté d'un texte. Si l'on peut rendre une idée d'une Langue dans une autre, il est presque impossible d'y faire passer ces accessoires, qui sont cependant une partie du tout. Je crois donc que l'on peut donner comme un principe certain qu'un texte qui comprend une idée belle, noble, vraie, en quelque Langue qu'il soit écrit, ne peut être rendu dans une autre avec toutes les beautés de l'original. Le traducteur peut en conserver quelques-unes; il peut même en substituer d'autres propres à la Langue qu'il emploie; mais jamais sa traduction ne présentera toutes les beautés de l'original: les textes d'*Horace*, de *Juvenal* & de *Perse*, & l'imitation de *Boileau* que j'ai cités ci-dessus, (imitation que l'on pourroit presque comparer à une traduction), en font une preuve sensible.

Il résulte de ce que je viens d'exposer que chaque Langue a ses beautés qui lui sont propres, & que la traduction ne peut faire passer dans une autre; ce principe que l'expérience démontre, & qu'il me paroît inutile de prouver aux personnes qui en douteroient, parce que je crois que ce doute ne pourroit naître que d'un défaut de goût, répond à une objection que j'ai entendu faire contre mon systême, que l'on ne peut pas rendre en François les belles inscriptions Latines, & notamment celle de l'Arsénal à Paris (34), sans leur faire perdre de leur beauté: je conviens de cette vérité, & je la revendiquerois également pour mon systême, si je ne la regardois pas comme une pétition de principe. En effet, je ne crois pas que l'on puisse davantage rendre en Latin les inscriptions Françoises que l'on trouvera dans cette dissertation; car les raisons que j'ai ci-dessus exposées, me paroissent établir la difficulté & même le défaut de toutes

---

(34) *Ætna hæc Henrico Vulcania tela ministrat*
   Tela Giganteos debellatura furores.
Cette Inscription est du Pere Nicolas *Bourbon*, Oratorien, de l'Académie Françoise, mort en 1644.

les traductions, en quelque Langue que soit tant le texte original que la traduction.

Après cette digression, à laquelle j'ai cru devoir me livrer pour éclaircir de plus en plus la question qui s'est élevée sur la Langue dans laquelle doivent être rédigées les Inscriptions, il convient de revenir aux objections que l'on peut faire contre mon système. Outre celles que je crois avoir résolues par mes observations préliminaires ; j'en connois deux principales.

4.
Deux objections contre ce système.

La *première*, que la Langue Françoise étant, comme toutes les Langues vivantes, sujette à des changemens, il seroit à craindre que par la suite les inscriptions ne se trouvassent en Langue presque inintelligible, & telles que sont nos anciens Auteurs, & notamment les *Troubadours*.

La *seconde*, que la Langue Françoise n'est pas aussi propre que la Latine au style lapidaire.

5.
Réponse à la première objection, relative au changement que la Langue Françoise (comme Langue vivante) peut éprouver.

Pour répondre à la *première*, je pourrois me contenter de remarquer avec l'Abbé Fleury (35) « que les Romains écrivoient en Latin & non en Grec, & que les Grecs » écrivoient en Grec & non en Egyptien ou en Syriaque », ce qui a eu lieu pareillement pour les inscriptions, & même dans les différentes époques de leur gouvernement; j'avouerai que les Romains le faisoient par un principe de *supériorité* qu'ils attribuoient à tout ce qui portoit le nom Romain, amour propre qui alloit chez eux jusqu'à l'enthousiasme, & que *Virgile* a si bien dépeint lorsqu'il a dit (*Enéide*, Liv. 6).

Tu regere imperio populos, Romane, memento.

Mais il me semble que sans outrer ce sentiment autant que le faisoient les Romains, & en le renfermant dans de justes bornes, nous pourrions prétendre pour nous & pour notre Langue à une *supériorité* (36) qu'il ne me paroît pas qu'aucune Langue vivante nous dispute, & que je ne crois pas juste de céder à la Langue Latine; cependant je conviendrai que jusqu'au siecle de Louis XIV, où « notre littérature est parvenue à son » dégré de perfection (37) », perfection que notre Langue a partagée, & que l'on peut,

---

(35) *Choix des Etudes*, n° 13, page 76.

(36) La Classe des Belles-Lettres de l'*Académie de Berlin* a donné, pendant l'impression du Recueil, dont cette *Dissertation* faisoit originairement partie (*voy.* l'avertissement), un témoignage trop flatteur pour la Langue Françoise, pour que je ne l'insere pas ici ; j'observerai de plus que le sentiment de cette Compagnie savante vient à l'appui de mon système : elle a proposé pour l'objet du prix qu'elle accordera en 1784, la question suivante : *qu'est-ce qui a rendu la Langue Françoise LA LANGUE UNIVERSELLE de l'Europe ? A quelle cause doit-elle cette préférence ? Est-il à présumer qu'elle puisse la conserver ?* * Je crois qu'il sera difficile de répondre autrement à cette question, qu'en disant que ce sont les Auteurs dont je parle dans le *sommaire* 7 ci-après, qui ont rendu la Langue Françoise *la Langue universelle* de l'Europe ; que c'est aux ouvrages de ces Auteurs, que notre Langue doit cette préférence, & qu'il est très-probable qu'ils la lui conserveront. C'est l'avis de l'Abbé *Goujet* (tom. Ier, p. 26), dans l'Ouvrage que j'ai déja cité ci-dessus, *note* 4.

(37) *Mélanges tirés d'une grande Bibliotheque*, lettre G, page 4.

* *Gazette de France* du 19 Juillet 1782, de *Berlin* le 17 Juin précédent.

je crois, comparer à celle de la Langue Latine sous le regne d'Auguste, on a eu raison de préférer pour les inscriptions la Langue des Romains ; mais actuellement je penserois que nous devrions rendre à notre Langue la justice qui lui est rendue par tous les Savans, & par tous les Souverains de l'Europe, & ne pas craindre que la postérité trouve barbares des Inscriptions que l'on rédigeroit dans une Langue dans laquelle il y a près de 130 ans que le célèbre *Pascal* a donné les *Lettres Provinciales* : ce modele inimitable de la bonne plaisanterie, & dont j'ai vu des Jésuites conseiller la lecture pour se former le style ; en effet, cet Ouvrage n'a pas vieilli, pendant que plusieurs Auteurs contemporains, ou même plus nouveaux, se lisent difficilement. Cette différence ne vient pas de la Langue. Elle est la faute de l'Auteur ; car suivant la judicieuse remarque d'*Horace* & de *Boileau*,

> Ce que l'on conçoit bien, s'énonce clairement,
> Et les mots pour le dire arrivent aisément (38).

Cette réflexion m'amene naturellement à répondre à la *seconde* objection, qui consiste à soutenir que notre Langue n'est pas aussi propre que la Latine au style lapidaire.

Cette objection ne peut se résoudre que par des citations ; ce sera l'objet des deux premieres Propositions que j'établirai dans un moment ; mais auparavant je crois devoir observer que plusieurs des Ouvrages du siecle de Louis XIV, ainsi que quelques-uns faits sous le dernier regne, ont démontré non-seulement que notre Langue n'est point pauvre, mais même qu'elle est riche ; les hommes de génie y ont trouvé les expressions dont ils ont eu besoin pour rendre noblement & avec netteté leurs idées ; pour le prouver d'une façon que je crois sans replique, je vais jetter un coup-d'œil rapide sur la plus grande partie des Auteurs célebres des siecles de Louis XIV & de Louis XV ; je ne me contenterai pas de parler de ceux qui sont nés en France : je citerai également les Etrangers qui ont écrit dans notre Langue ; au surplus, je préviens mes Lecteurs que je suivrai plutôt dans cette énumération l'ordre chronologique que celui des matieres, sans cependant m'y astreindre absolument, sur-tout quand il me paroîtra convenable de réunir plusieurs Auteurs qui auroient travaillé sur le même sujet.

6. *Réponse à la seconde objection, que la Langue Latine est plus propre que la Françoise pour le style lapidaire.*

C'est en effet en se servant de la Langue Françoise, que *Perefixe* a rédigé, pour l'éducation de *Louis XIV*, une Histoire d'*Henri IV*, la meilleure que nous ayons, & même la seule où l'Auteur ait peint avec vérité ce Prince, qui mérita par ses conquêtes le titre de *Grand*, & par son amour pour ses peuples, celui de *Bon Roi* ; que Madame *de Sévigné* a écrit des *Lettres* dont l'objet principal étoit de renouveller à sa fille les assurances d'un sentiment qui étoit profondément gravé dans son cœur, & que cependant on lit presque avec le même plaisir que devoit éprouver Madame de Grignan ; que *la Marquise de Lambert* dans les *Avis d'une mere à son fils*, & dans *ceux d'une mere à sa fille*, a em-

7. *Enumération succincte & raisonnée de la plupart des Auteurs des siecles de Louis XIV & de Louis XV.*

---

(38) Art Poétique de *Boileau*. Cet Auteur a pris cette observation dans l'Art Poétique d'*Horace* : on trouvera ci-après dans l'établissement de la troisieme Proposition, le texte Latin & François de ces deux Législateurs du Parnasse.

belli des graces du ſtyle les principes de la morale, & fait aimer la vertu; que *la Fontaine* eſt un modele de naïveté; que *Corneille*, *Racine* & *Crébillon* ont mérité le nom de grand, de tendre, de terrible; que *la Bruyere* & *Moliere* ont peint les ridicules de leur fiecle avec une vérité ſi frappante, qu'ils ont eu la gloire d'en avoir corrigé pluſieurs; que le Pere *Bouhours*, Jéſuite, a compoſé la *Maniere de bien penſer ſur les ouvrages d'eſprit*, que l'on a regardé dans le tems comme un des Livres les plus utiles pour les jeunes gens qui vouloient s'inſtruire de la Littérature ancienne & moderne, Ouvrage écrit avec élégance, mais quelquefois avec un ſtyle un peu affecté, moins cependant que les *Entretiens d'Eugene & d'Ariſte*, qu'il ne faut jamais ſéparer de la critique ingénieuſe qu'en a publiée *Barbier d'Aucourt*, critique qui a toujours été regardée comme un chef-d'œuvre; que *Bayle* a prouvé par ſon *Dictionnaire* que le génie & les connoiſſances ſont dangereux s'ils ne ſont pas réglés par un eſprit juſte & un cœur droit, & qu'ils conduiſent ſouvent à un pirrhoniſme univerſel, qui cependant eſt la plus grande des abſurdités; que *Baſnage* a montré dans ſon *Hiſtoire des Savans*, qu'il étoit digne d'être leur Hiſtorien; qu'*Abbadie* a réuni ſous un point de vue lumineux les preuves de la Religion Chrétienne, & nous a appris à nous connoître; que *Boſſuet*, *Arnauld*, *Bourdaloue* & *Maſſillon* ont développé les vérités les plus ſublimes de la Religion, & ont traité tous nos Myſteres avec la dignité & la grandeur qui leur ſont dues; que *Rouſſeau* a parlé dans ſes *Odes* la Langue des Dieux; que *Boileau* a donné des préceptes, & en même-tems des modeles de tous les genres de Poéſies; que le Pere *Mallebranche*, Oratorien, a, dans ſon Livre ſur la *Recherche de la vérité*, tellement développé les idées les plus compliquées, que les eſprits, mêmes bornés, peuvent les comprendre, & a cherché à rendre les hommes meilleurs en leur indiquant deux guides toujours ſûrs, l'expérience, & ſur-tout la Religion; que *Deſcartes*, *Paſcal* & *d'Alembert*, ont diſcuté avec autant de préciſion que de clarté les queſtions les plus épineuſes & les plus abſtraites de la *Métaphyſique*, de l'*Algebre* & de la *Géométrie*; que le même *Paſcal* a ſemé l'ironie la plus fine & la plus ſoutenue dans ſes *Lettres provinciales*; que *Nicole*, avec une Logique toujours ſûre, en mettant à la portée des plus ſimples tous les points du dogme & de la morale que nous a enſeignée JESUS-CHRIST, a en même-tems porté la conviction dans le cœur des plus ſavans, & leur a appris à tous à penſer; que *Baillet*, avec le flambeau de la critique, a purgé nos Annales Eccléſiaſtiques de toutes les fabuleuſes Légendes que les ſiecles d'ignorance y avoient introduites; que *Fénélon* a écrit, ſoit ce Livre précieux (la *Direction* (39)

---

(39) M. *de la Harpe*, dans ſon éloge de *Fénélon* (couronné par l'Académie Françoiſe en 1771), dit que cet ouvrage eſt *l'Abrégé de la ſageſſe & le Catéchiſme des Princes*. En caractériſant ainſi cet ouvrage, M. de la Harpe en a parlé comme tout le public qui s'eſt empreſſé d'applaudir à ſon jugement. Au ſurplus, j'obſerverai qu'il a été imprimé pour la premiere fois à la Haye en 1748; qu'il vient (en 1775) d'être imprimé à Paris, non-ſeulement avec privilege, mais du *conſentement même de notre jeune MONARQUE*. C'eſt donc avec raiſon qu'en rapportant ce fait dans l'avertiſſement, les Libraires ajoutent, *quel ſuffrage & quelles eſpérances un ſentiment ſi généreux ne doit-il pas faire concevoir!*

pour

en Latin ou en François ?

pour la conscience du Roi), dont le Duc de Bourgogne avoit fait un si bon usage, que son nom est placé dans le cœur des François au-dessous de celui d'Henri IV (40); soit cet Ouvrage immortel (*Télémaque*) que quelques personnes veulent réduire au rang des Romans, parce qu'il est écrit en prose, mais que l'épopée revendique, parce qu'elle y trouve une noble fiction, une action grande & une, d'importantes leçons, en un mot, le type du génie qui constitue la majesté du Poëme épique; que *Mesenguy* a, dans son *Histoire de l'Ancien Testament*, développé avec les graces du style propre à l'Histoire, la conduite de la Providence sur les Juifs, & a, par la vérité & la noble simplicité de son *Exposition de la Doctrine Chrétienne*, fait aimer notre sainte Religion; que *Bossuet* présente dans son *Discours sur l'Histoire universelle*, un tableau rapide, mais exact, des Empires qui paroissent successivement participer à toute la grandeur & à toute la foiblesse des choses humaines. Dans cet ouvrage, que l'on doit regarder comme son chef-d'œuvre, Bossuet emploie le style oratoire, quoique peut-être peu compatible avec la gravité & la sévère exactitude de l'Histoire, & il s'en sert pour développer avec une majesté d'idées & une profondeur de raisonnement qui étonnent, les causes des progrès & de la décadence des Empires; on diroit que la Providence lui a révélé les Loix que sa sagesse a dictées, l'a instruit de ses desseins secrets sur les hommes, & lui a découvert les ressorts cachés qu'elle emploie pour faire servir, même leurs passions, à l'accomplissement de ses decrets éternels; que *Lenfant* a rédigé les Histoires des Conciles *de Constance, de Pise & de Bâle*, avec une netteté & un ordre peu communs, mais sur-tout avec une vérité & une bonne foi que l'on n'auroit pas dû attendre, en cette matiere, d'un Ministre protestant, & qui lui ont mérité la confiance même des Catholiques, qui ne lui reprochent que d'avoir quelquefois un peu outré les conséquences de nos précieuses libertés; que l'Abbé *Fleury*, en marchant sur les pas du célebre *le Nain de Tillemont*, a prêté sa plume à la Religion, a rendu intéressante pour les savans, & même pour les ignorans, l'Histoire de l'Eglise, a rédigé enfin ces Discours, que l'on regarde comme des chefs-d'œuvre de raisonnemens, de critique & d'érudition, & qui forment autorités; que le Pere *d'Orléans*, Jésuite, dans son Histoire des *Révolutions d'Angleterre*, intéresse non-seulement les Anglois, mais aussi tous ses Lecteurs, qui sont étonnés de la netteté avec laquelle il a présenté les ressorts, & même les intrigues d'un Gouvernement unique dans son genre, puisque de fait il repose sur deux bases qui paroîtroient ne devoir jamais être réunies, la liberté & la séduction (41); que

---

(40) L'attachement des François pour Henri IV rejaillit sur tout ce qui est relatif à ce *bon Roi*. C'est ce sentiment qui, (sur ma proposition), a décidé le Bureau d'Administration du College de Louis-le-Grand, le 7 Mars 1782, d'admettre un descendant de la Nourrice de ce Prince, comme Pensionnaire, pour seulement 300 livres, au lieu de 550 livres, somme fixée pour les pensions par les Lettres Patentes du 19 Mars 1780, & d'accorder (le 2 Janvier 1783) une Bourse à ce jeune homme, alors Empereur dans sa Classe, & qui avoit eu un prix à la fin de l'année Scholastique 1782. Il s'appelle Antoine-Jean-Paul *de Saint-Criq* de Montplaisir. Son pere sert dans les Gardes-du-Corps, & est Chevalier de Saint-Louis.

(41) J'ai trouvé dans les *Mélanges d'une grande Bibliotheque*, lettres *KK*, p. 59, une anecdote sin-

Rapin Thoiras a rédigé la meilleure Hiſtoire d'Angleterre que nous ayons, mais où l'on reconnoît un peu trop le fiel d'un François réfugié, qui ne rend juſtice ni à nos Souverains ni à notre Nation, aggrave leurs torts & faiſit toutes les occaſions qu'il peut trouver d'élever les Anglois en déprimant ſes compatriotes, qu'il paroît vouloir faire repentir de l'avoir forcé de s'expatrier; que les Abbés de *Saint-Réal* & de *Vertot*, ont écrit l'Hiſtoire, ſur-tout les *Conjurations* de *Veniſe*, & les *Révolutions* de *Portugal*, de *Suede*, de l'*Hiſtoire Romaine*; Auteurs qui ont parmi nous fait revivre dans les portraits le coloris vigoureux qui caractériſe Saluſte, & l'élégance du ſtyle, ainſi que la vivacité de la narration que l'on remarque dans Quint-Curce; que le Duc *de la Rochefoucauld* a rédigé des *Mémoires de la Régence d'Anne d'Autriche*, où l'on retrouve l'énergie de *Tacite*; Mémoires bien ſupérieurs à tous ceux du même tems, parce que l'Auteur y rapporte en Hiſtorien fidele des événemens dont il avoit été acteur, & y convient, avec cette franchiſe qui fut de tout tems l'apanage de la Nobleſſe Françoiſe, des torts qu'il avoit eus dans ces tems de troubles; Mémoires enfin qui ſeront toujours lus, comme ſes *Maximes* apprendront toujours à penſer & à dire beaucoup de choſes en peu de mots; que les Peres *Bougeant* & *Brumoy*, Jéſuites, ont compoſé, le premier, l'Hiſtoire du *Traité de Weſtphalie*, le ſecond, le *Théâtre des Grecs*, avec une préciſion, une élégance de ſtyle & une pureté de goût qui les rendront toujours des modeles difficiles à égaler; que *Racine* a écrit l'*Hiſtoire de Port-Royal*, Hiſtoire que cet Auteur n'a conduite que juſqu'environ 1670, & que cependant Boileau regardoit comme *le plus parfait morceau d'Hiſtoire que nous ayons dans notre Langue* (42); que *Fontenelle* a rédigé, avec autant de grace que de nobleſſe, ſes *Eloges des Académiciens*; éloges qui probablement continueront de faire le déſeſpoir de tous ceux qui ſuivront la même carriere, & que l'on regarderoit comme des chefs-d'œuvre inimitables d'éloquence, ſi nous n'avions les *Oraiſons funebres* que *Boſſuet*, *Fléchier*, & *Maſcaron* ont compoſées, le premier avec cette ſublimité de raiſonnement; le ſecond avec cette pureté de ſtyle, mais trop chargée d'antitheſes; le troiſieme avec ce nerf, mais ſouvent privé d'élégance; qui caractériſent ces trois Orateurs; que *Racine le fils* a rappellé les vers à leur objet primitif (43), en prêtant les charmes de la Poéſie au développement des preuves de la

---

guliere; elle m'a paru caractériſer la Nation Angloiſe & un de ſes plus illuſtres Souverains, & en outre elle confirme ce que je dis du Gouvernement Anglois; c'eſt ce qui m'a déterminé à l'inférer ici.

« La Reine *Eliſabeth* laiſſa ſoutenir dans l'Univerſité d'Oxford, & aſſiſta même à une Theſe
» dans laquelle il étoit queſtion de ſavoir s'il étoit plus avantageux à la Nation que le Royaume
» ſoit électif qu'héréditaire. L'Ecolier qui ſoutenoit les droits de l'élection, fut le plus éloquent,
» & la Reine lui donna des applaudiſſemens ».

(42) *Mémoire ſur la vie de Jean Racine*, page 199. L'Abbé *d'Olivet*, dans l'*Hiſtoire de l'Académie Françoiſe*, (tome 2, p. 343) dit que cet Ouvrage doit donner à Racine « parmi ceux de
» nos Auteurs qui ont le mieux écrit en proſe, le même rang qu'il tient parmi les Poëtes ».

(43) *Platon* établit comme un principe certain, que *la Poéſie ne devroit jamais être employée qu'à louer la Divinité ou à célébrer les vertus des hommes illuſtres.*

Religion & aux matieres abstraites de la grace; que *Saint-Aulaire* a fait dans un âge où le génie est ordinairement refroidi par les glaces de la vieillesse (44), des vers où l'on trouve le *Molle atque facetum* qu'*Horace* (45) admire dans les Bucoliques & les Géorgiques de *Virgile*, & que l'on exige des pieces fugitives & de société (46), vers qui ont mérité à *Saint-Aulaire* le titre d'*Anacréon François*, & que l'on peut comparer à ceux que ce Poëte des Graces a composé dans le feu de sa jeunesse; que *Rollin* (47) & *Lebeau* (48) ont, en écrivant les Histoires anciennes & modernes, donné des leçons pour former le cœur & l'esprit des Eleves de l'Université, dont ces deux Hommes célebres ont été l'ornement; que *Mehegan* a tracé son *Tableau de l'Histoire moderne*, avec un intérêt & une chaleur qui attachent le Lecteur & l'empêchent de s'appercevoir du peu de solidité, & quelquefois de la hardiesse de ses réflexions; que *Fevret* (49) a composé le savant & judicieux *Traité de l'Abus*, dont le mérite & l'autorité n'ont été nullement altérés par l'Ouvrage (qu'à la sollicitation de l'Assemblée du Clergé de France de 1660) le sieur d'*Hauteserre* (50) a rédigé, & qu'ensuite celle de 1670 a approuvé; que *Domat* a rappellé les Loix civiles à leur ordre naturel, & a mérité, par la justesse de ses vues & la sûreté de ses décisions, d'être regardé, non-seulement comme un Jurisconsulte profond, mais presque comme un Législateur; que d'*Aguesseau*, malgré les pénibles fonctions d'Avocat Général, de Procureur Général & de Chancelier qu'il a successivement remplies, a composé cette

---

(44) Il avoit plus de 60 ans quand il a commencé à composer des vers, & près de 90 quand il a fait les pieces qui lui ont mérité le titre d'*Anacréon François*.

(45) Livre 1er, Satyre 10.

(46) Peu de ces pieces peuvent être comparées à l'*Inpromptu* que le *Marquis de Saint-Aulaire*, âgé de 90 ans, fit pour Madame la *Duchesse du Maine*, qui avoit coutume de l'appeller son *Apollon*, & qui lui demandoit un secret.

La Divinité qui s'amuse
A me demander mon secret,
Si j'étois Apollon, ne seroit pas ma Muse,
Elle seroit Thétis, & le jour finiroit.

(47) Je me suis plus étendu sur les ouvrages de cet homme célebre, & sur-tout sur son *Traité des Etudes*, dans le sommaire 104 de mon Plan d'Education; on peut y recourir.

(48) On trouvera, dans le *sommaire* 39 du *Mémoire sur l'Administration du College de Louis-le-Grand*, qui fait partie du Recueil de mes ouvrages, publié en 1783, une anecdote qui prouve la considération que le Gouvernement avoit pour cet Universitaire.

(49) L'Auteur du *Traité de l'abus* étoit le trisaïeul de M. *Fevret*, Conseiller au Parlement de Dijon, mort le 16 Février 1772, âgé de 61 ans, & qui est l'Auteur de la nouvelle *Bibliotheque historique de la France*, en cinq volumes *in-fol*.

(50) L'ouvrage rédigé par le sieur d'*Hauteserre*, Professeur en Droit de l'Université de *Toulouse*, est en latin; il est intitulé: *Ecclesiæ juridictionis vindiciæ adversus Carolum* FEVRETUM *de abusu*. Il est plein d'invectives contre Fevret (ressource ordinaire de ceux qui ont tort). Au surplus, cet ouvrage est regardé comme contraire à nos Libertés, & comme au lieu d'affoiblir la réputation de Fevret, il n'a servi qu'à l'augmenter, on a cru devoir l'imprimer à la suite du *Traité de l'Abus* de l'édition de 1736, faite à *Lyon* chez *Duplain* pere & fils.

multitude d'Ouvrages différens que l'on n'attendroit pas d'un Homme de Lettres, uniquement occupé des Sciences, & où on reconnoît le grand Orateur, le vrai Philosophe & l'Homme d'Etat ; que *Cochin* a employé dans ses Plaidoyers, & suivant que la nature des causes le demandoit, une éloquence tantôt mâle & vigoureuse, tantôt touchante & persuasive, & par-tout une noblesse d'expression & une dialectique lumineuse qui asservit ses Auditeurs & met à la portée de tous les affaires les plus épineuses ; que *Montesquieu*, dans une Dissertation en apparence peu considérable, mais qui est un abrégé raisonné de toute l'Histoire Romaine, a traité d'une maniere neuve & intéressante *la cause de la grandeur & de la décadence des Romains*, Dissertation qui décéle d'autant plus l'homme de génie, qu'elle n'avoit aucun modele, soit dans l'Antiquité, soit même dans les Auteurs modernes, qu'elle ne peut en conséquence être comparée qu'à quelques passages, & sur-tout à quelques harangues qui se trouvent dans Thucidide, dans Tite-Live, dans de Thou, & singulierement dans Tacite, mais qui leur est très-supérieure ; Dissertation enfin tellement faite elle seule pour immortaliser Montesquieu, qu'il n'a presque rien ajouté à sa gloire par *l'Esprit des Loix ;* ouvrage cependant qui est le résultat de connoissances immenses & de réflexions profondes, & que l'on peut regarder comme un chef-d'œuvre de l'esprit humain, mais dont les erreurs échappées à l'Auteur prouvent que, par un malheur attaché à l'humanité, personne n'est exempt de se tromper, ce qui vérifie l'axiôme de *Frédéric* (51) ;

> Quel homme est sans erreur ? quel sage est sans foiblesse ?

que *Goguet* a présenté avec noblesse & élégance le *Tableau de l'origine des Loix, des Arts & des Sciences, & de leurs progrès chez les anciens Peuples*, Ouvrage curieux & qui prouve plutôt le travail de l'Auteur que son génie, & dont il eût été à desirer qu'il eût eu le tems (52) de donner une seconde édition, où il auroit sûrement fait disparoître plusieurs expressions que le goût réprouve ; que l'Abbé de *Mabli* (53) a rédigé tous ses Ouvrages, & notamment les *Entretiens de Phocion* (54), Ouvrages ornés

---

(51) *Epître* 5.

(52) Il est mort en 1758, âgé de 42 ans, après avoir été 17 ans Conseiller au Parlement.

(53) Peu de Publicistes ont autant mérité la confiance du public que cet Auteur, & il en a reçu des preuves bien flatteuses de la part de quelques-uns des Etats-Unis. Le *Mercure* de France, n°. 8, du 22 Février 1783, p. 197, rapporte en ces termes, à l'article de *Bruxelles*, l'extrait de quelques Lettres de Paris : « Le Congrès.... vient, dit-on, d'envoyer à M. l'Abbé de » Mably les Loix & les Réglemens de l'Union respective, pour qu'il les examine & les corrige ; c'est » le plus grand honneur auquel un Ecrivain Philosophe & Politique puisse prétendre, que de devenir » ainsi le Législateur d'une grande Nation. Ces Loix avoient été imprimées en 1781, à *Philadelphie* ». Ce fait n'est pas exact. La vérité est qu'avant que de rédiger le Code de ses Loix, quelques-uns des Etats-Unis d'Amérique ont fait consulter l'Abbé *de Mably* sur différens points de leur législation.

(54) L'Abbé de Mably n'avoit pas mis son nom à la premiere édition de ces Entretiens ;

en Latin ou en François? 21

presque tous des graces du ftyle, mais qui en général ne nuifent ni à la juftesse du raifonnement, ni à la précifion des idées, & qui pour la plupart refpirent les principes de la vraie Philofophie, de celle qui s'allie avec le refpect pour la Religion & les Loix, ainfi qu'avec l'amour non-feulement de fes concitoyens, mais même de tous les hommes; Ouvrages enfin qui prefque tous ont pour but, ou le bonheur des Peuples, ou le développement de leur véritable intérêt, ou leur inftruction, ou même leur amufement, & dont on ne pourroit trop faire d'éloges, fi dans quelques-uns (55), l'Auteur n'avoit point trop donné à la raifon, & pas affez à la Religion ; que *le Mairan* & le Traducteur de *Franklin* ont étonné les deux mondes par les phénomenes de la lumiere boréale & de l'électricité, & ont indiqué les moyens de maîtrifer le tonnerre ; que *Bougainville*, dans fa traduction de l'*Anti-Lucrece*, n'a pas été inférieur à l'Auteur qu'il traduifoit; que *Greffet*, en marchant fur les pas de *Chaulieu* & de *Catulle*, mais fans permettre à fa Mufe aucune expreffion que la décence ne pût avouer, a compofé plufieurs petits Poëmes, que les Graces paroiffent avoir dictés, & où on retrouve non-feulement l'élégant badinage, mais même la fraîcheur & la délicateffe du pinceau de fes modeles, notamment *Vert-vert*, ouvrage auquel il ne manque, ainfi qu'au *Lutrin* de Boileau, pour mériter le nom de Poëme épique, que de célébrer une action grande & importante ; que *d'Alembert*, dans fa favante *Préface de l'Encyclopédie*, a analyfé toutes les Sciences, & en a préfenté (fi l'on peut s'exprimer ainfi) un arbre généalogique; que *la Beaumelle* s'eft fait un nom par fon *Hiftoire de Madame de Maintenon*, & a, dans plufieurs endroits de fes Ouvrages contre Voltaire, donné l'exemple de la faine critique & de la bonne plaifanterie ; Ouvrages cependant inférieurs aux *Lettres de quelques Juifs Portugais*, où l'Abbé *Guenée* a réuni la folidité du raifonnement avec l'élégance du ftyle, une critique sûre & févere, avec la plus grande honnêteté ; que *Frédéric* (56) a rédigé tous fes Ouvrages qui paroiffent dictés par la Philofophie, & par le defir de rendre les hommes meilleurs & de faire le bonheur de fes Peuples ; non moins admi-

---

auffi-tôt qu'ils parurent ils furent traduits en différentes Langues, & notamment en Italien & en Allemand; l'édition Italienne en fut faite à Venife en 1764: on y regarda ces Entretiens comme une critique du Gouvernement, en conféquence on fut fur le point de les défendre ; mais les Inquifiteurs d'Etat, inftruits que cet Ouvrage avoit originairement été compofé en François, jugerent à propos de n'y pas faire attention. Quelques autres Gouvernemens fe conduifirent comme celui de Venife: après avoir voulu arrêter la publicité de ces Entretiens, ils changerent d'avis & crurent plus prudent de garder le filence. *La Société de Berne* en a agi tout autrement, elle a couronné les Entretiens de Phocion comme un Ouvrage utile à l'humanité ; de plus, par la voie des papiers publics, elle a prié l'Auteur de fe faire connoître, ce qu'il a fait, & le prix lui a été envoyé.

(55) Notamment dans les *Principes de Morale* ; on trouvera la réfutation de ce qui y eft répréhenfible dans l'*Année Littéraire*, 1783, pag. 145 & fuivantes.

(56) *Voyez* dans les *notes* 39 & 180 de mon *Plan d'Education*, les établiffemens que ce Prince a faits pour procurer à tous fes Sujets l'éducation qui peut être convenable à chacun, fuivant fon état.

rable lorsqu'il donne des leçons aux Souverains, & même à tous les hommes, en disant ;

Si vaincre est d'un Héros, pardonner est d'un Dieu (57).

que lorsque, sous le titre modeste de *Mémoires*, il écrit l'Histoire de ses Prédécesseurs, & rapporte leurs fautes avec la même vérité qu'il rend compte, soit de leurs belles actions, soit de celles qu'ils ont faites pour l'avantage de leurs Sujets ou l'illustration de leur Maison, mais étonnant sur-tout lorsqu'il donne des préceptes d'un art dans lequel il a fait des prodiges, & dont *Guibert*, nourri de ses principes, a donné en *mil sept cent soixante-douze*, les regles, sous le titre d'*Essais de la Tactique*; regles que Guibert a fait précéder d'un *Discours préliminaire*, où, en paroissant ne s'occuper que de rendre compte de la politique actuelle, il a tracé, avec une énergie peu commune, & une vérité qui fera l'étonnement de la postérité, le plan de la politique qu'il faudroit suivre pour rendre les peuples heureux; que *Buffon* a mérité le nom de Pline François; que *du Belloy*, dans sa Tragédie du *Siege de Calais*, & *Collé*, dans sa Comédie de *la Partie de Chasse d'Henri IV*, ont rendu notre théâtre vraiment national, en y mettant sous les yeux de leurs concitoyens les témoignages de l'amour de nos ancêtres pour leur patrie, ainsi que pour un Prince qui a mérité d'être comparé à *Titus*, & que nous avons la douce satisfaction de voir revivre dans le Monarque qui nous gouverne; que *de Lille* (58), quoique gêné par le métre & par la rime, a su ennoblir les travaux rustiques, & même insérer dans sa traduction des Géorgiques, les termes les plus tecniques du premier & du plus important des Arts.

Je pourrois citer d'autres exemples, & sur-tout, quant à la magie du style, *Berruyer*, *Voltaire* & *Jean-Jacques Rousseau*; mais ces Auteurs dont, je le répete, on ne peut trop louer le style, sont des modeles trop dangereux; le *premier* a fait un Roman des Saintes-Ecritures; le *second* n'a presque aucun ouvrage qui n'alarme ou la religion ou la pudeur, & dans l'Histoire il est un guide infidele; le *troisieme*, qui, il faut l'avouer, est presque toujours sublime, quand par hasard il n'est pas sophiste, a rempli ses ouvrages d'opinions aussi singulieres que fausses; elles sont présentées avec tant d'art, & avec un style si séduisant, qu'il est aisé de se tromper & de prendre le mensonge pour la vérité. Le génie naturel, ou plutôt je crois *factice* de cet Auteur,

---

(57) Sixieme Chant de l'*Art de la Guerre*, à la fin. Ce vers & quelques autres de *Frédéric*, que j'ai cités dans cette Dissertation, ne sont pas les seuls que l'on pourroit extraire de ses Ouvrages, & qui contiennent des maximes précieuses pour l'humanité, je n'ai pu me refuser d'en réunir ici quelques-unes.

» Végéter, c'est mourir; beaucoup penser, c'est vivre. (*Epître IIe*.)
» C'est apprendre beaucoup, de voir qu'on ne fait rien. (*Epître V^e*.)
» Il n'est que les vertus qui décorent les hommes. (*Epître VIIIe*.)
» Qui sauve sa Patrie est un Dieu sur la terre. (*Epître XIVe*.)

(58) *Voyez*, au sujet de cet Auteur, la *note* 31 de mon *Plan d'Education*.

étoit tel que, même en foutenant une bonne caufe, il ne pouvoit fe paffer d'employer des paradoxes; en effet, fon ouvrage contre les Spectacles n'en eft pas exempt; mais *Défprés de Boiffy* a fu les diftinguer, & a cru que le fuffrage de cet Auteur n'en étoit pas moins précieux; auffi on trouve (59) *Jean-Jacques Rouffeau* cité comme autorité dans la *feptieme* édition, faite en 1780, *des Lettres* de Défprés de Boiffy *contre les Spectacles*, ouvrage qui refpire l'efprit des bons principes, & dont les éditions multipliées démontrent qu'il exifte encore plus de religion en France que l'on ne feroit peut-être tenté de le croire.

Les Auteurs dont je viens de parler, prouvent qu'il n'eft aucun genre d'ouvrage dans lequel nous n'ayons des modeles; & il eft, je crois, également conftant qu'il n'eft aucune Science dont il n'exifte des traités en Langue Françoife; j'ai donc eu raifon de dire que notre Langue n'eft pas pauvre, & que s'il eft quelques Auteurs qui lui font ce reproche, ou dont les ouvrages pourroient le faire croire, ce n'eft pas la faute de la Langue, mais celle de l'Auteur. C'eft le fentiment du célebre *Pafquier*, qui conclut fa differtation, pour prouver que la Langue Italienne n'a fur la nôtre aucun avantage, même pour la Poéfie, par cette maxime fi conforme à mon fyftême : « Les Langues » n'ennobliffent pas nos plumes ; mais au contraire les belles plumes donnent la vie aux » Langues vulgaires, & les beaux efprits la donnent à leurs plumes (60) ». Auffi *Voltaire* prétend que ce font les *Lettres Provinciales* qui ont fixé notre Langue (61). Au refte, pour me renfermer dans l'objet principal de cette Differtation, après avoir, je crois, démontré que notre Langue peut fe prêter à tous les ftyles, & que par conféquent on peut faire des infcriptions en françois, je dois de plus prouver :

8. *Réfultat de c énuméra ion faveur de la L gue Françoif*

I. Qu'il exifte des Infcriptions en François qui ne le cedent à aucunes rédigées en Latin.

II. Que nous avons dans nos Auteurs plufieurs vers qui prouvent que notre Langue eft fufceptible d'autant de briéveté que la Langue Latine.

III. Que plufieurs de nos Auteurs, en s'appropriant les idées des anciens, les ont rendues en françois avec autant de précifion qu'elles le font dans les Auteurs Latins.

Si je prouve ces trois propofitions, je crois que l'on ne peut pas fe refufer de conclure qu'il eft très-poffible de trouver des Auteurs qui, dans notre Langue, tranfmettront à nos defcendans, par des monumens chargés d'infcriptions, les événemens que l'on voudra faire paffer à la poftérité, fur-tout fi l'on ne charge pas de rédiger les

---

(59) Notamment tome Ier, pag. 195 & fuivantes. Aux autorités invoquées par *Défprés de Boiffy* contre les Spectacles, on pourroit encore en ajouter plufieurs; je me contenterai de citer celle de *Frédéric*, qui dans fon Epitre VI, *fur les Plaifirs*, dit :

» Montrez-moi, s'il fe peut, un mortel vicieux,
» Que votre Comédie ait rendu vertueux.

(60) *Recherches de Pafquier*, Liv. 19, Chap. VIII, tome Ier, page 720, *A*.
(61) *Effai fur l'Hiftoire générale*, tome 7, Chap. 204, page 5.

inscriptions des *Auteurs plus familiers avec la Langue Latine, qu'avec la Langue Fran-çoife* (62) ; je ne fais qu'indiquer cette derniere obfervation, quelqu'importante qu'elle foit, & je croirois faire injure à la fagacité de mes Lecteurs, fi je ne me contentois pas de l'expofer fans entrer dans aucuns détails ; d'ailleurs M. Roucher l'a difcutée dans fa lettre du 27 Janvier 1783, que l'on trouvera dans le n°. 38 du Journal de Paris de 1783, & on peut y recourir.

Je me contenterai d'obferver que les trois Propofitions que je m'engage d'établir, ne font pas fufceptibles de raifonnement ; en pareille matiere les faits feuls doivent parler, auffi je ne chercherai à prouver mes trois Propofitions qu'en réuniffant fous chacune les exemples que ma mémoire me fournira, mes occupations ne me permettant pas de relire les Auteurs pour y trouver toutes les autorités qu'ils pourroient me fournir ; mais je ne doute pas que quelqu'un auquel la littérature latine & françoife, & fur-tout les Poëtes, feroit plus familiere, n'ajoutât aifément une multitude d'exemples au peu que j'emploierai ; c'eft une obfervation qui milite également pour les trois Propofitions qui me reftent à prouver, & je prie mes Lecteurs de ne point la perdre de vue en lifant le furplus de cette Differtation.

PREMIERE PROPOSITION.

Qu'il y a des Infcriptions Françoifes auffi belles que les Latines.

9.
Des Infcriptions Françoifes qui ne le cedent pas aux Latines.

Pour prouver ma premiere propofition, indépendamment des *deux* Infcriptions que j'ai rapportées ci-deffus (*pag.* 9 & 10), pour la ftatue du *Roi* & pour celle de *Louis XIV*, j'en inférerai ici *fept* autres, dont deux que M. Roucher a employées dans fes lettres publiées dans le Journal de Paris (63). Je ne me rappelle pas qu'aucuns des Auteurs qui ont adopté mon fyftême, aient fait ufage des autres exemples dont je me fers ; & quand ils les auroient cités, cela ne m'empêcheroit pas de les employer.

La *premiere*, eft celle faite par *Piron* pour la ville d'*Arcy-fur-Aube*. L'Auteur de la vie de Piron expofe ainfi, (pages 35 & 36 du tome Ier de l'édition de 1776) l'objet de cette infcription :

« Le feu avoit confumé, au mois de Décembre 1719, une partie de la ville d'Arcy-
» fur-Aube, & le même malheur, arrivé au mois d'Avril 1727, l'avoit entiérement
» détruite. Un particulier généreux la rétablit à fes dépens. Les Habitans d'Arcy, voulant

---

(62) Tels que *Santeuil*, Victorin ; *Bourbon*, Oratorien ; *le Beau*, &c.

(63) Savoir celle pour *Arcy-fur-Aube*, que j'avois employée dans la premiere édition, & celle pour *le bufte de Moliere*. J'ajouterai que M. Roucher cite une Infcription placée par M. le Duc de Penthievre fur un monument que ce Prince a fait élever dans la plaine d'Ivry, à l'endroit où l'on prétend qu'Henri IV fe repofa après la bataille d'Ivry. M. Roucher cite auffi plufieurs vers de Boileau. J'ai, pour prouver ma feconde propofition, employé quelques-unes de ces citations, mais j'en ai ajouté un plus grand nombre, dont il ne s'étoit pas fervi.

» témoigner

» témoigner leur gratitude à leur Bienfaiteur, avoient fait élever une colonne (64),
» afin de perpétuer à jamais la mémoire d'un pareil bienfait..... Piron, follicité pour
» compofer l'infcription qu'ils vouloient pofer fur cette colonne, fe défendit long-
» tems; enfin il fe rendit aux inftances des Habitans de la ville d'Arcy ».

La *feconde*, celle faite pour une *fontaine*. Elle eft rapportée dans la feuille périodique, intitulée le *Confervateur*, Mai 1757, page 163; mais elle n'y eft pas citée telle qu'elle eft gravée à *Yerres*, près Brunoy, dans une maifon appartenante à M. le Comte de Barin. Cette infcription eft placée fur une fontaine, appellée la fontaine *Budé* (65), & je l'inférerai ici telle qu'on la lit à *Yerres*.

La *troifieme*, l'épitaphe de M. de *Chevert*, qui eft placée à Saint-Euftache, vis-à-vis de fa fépulture.

La *quatrieme*, une épitaphe pour le célebre *Pafcal*, qui fe trouve dans les voyages de Geneve & de la Touraine, imprimés à Orléans, chez Rouzeau-Montaut, en 1779, p. 6. L'Auteur de ces vers eft indiqué par les lettres initiales *M. D. L. H.* (66) Ces vers ont beaucoup de précifion, mais ils ne font pas, ce me femble, fi poétiques que ceux de Piron pour Arcy-fur-Aube; de plus il y a dans le dernier vers une inexactitude prefque impardonnable. Pafcal (67) mourut à trente-neuf ans révolus. (Voyez fon

---

(64) Cette Infcription n'eft plus placée fur une colonne. Quoiqu'il n'y ait qu'environ cinquante ans qu'elle a été dreffée, elle eft détruite. Mais on a tranfporté la table de marbre noir fur laquelle elle étoit gravée, à l'encoignure d'une maifon qui fe trouve fur la place de l'Eglife.

(65) Cette Fontaine a tiré fon nom du célebre *Budé* (Guillaume), auquel cette maifon avoit appartenu, & qui fut un des Auteurs qui illuftrerent le plus le fiecle de *François I*[er]; auffi Erafme le nomme-t-il le *prodige de la France*. Entre autres Ouvrages de cet Auteur, je citerai celui intitulé : *De l'Inftitution du Prince*, & j'obferverai que c'eft lui qui décida François Ier à fonder le College Royal. Depuis Budé cette maifon a paffé à MM. *de Harlay* & enfuite à M. *de Barcos*, qui avoit cru, indépendamment du Diftique ci-deffus, devoir y faire placer le fuivant; mais ce dernier paroît avoir été fupprimé en 1774, lorfque le propriétaire actuel a jugé à propos de faire réparer cette Fontaine.

> Dans les eaux de cette Fontaine,
> *Budé* a puifé fon favoir.
> *Harlay* l'a mife en mon pouvoir,
> Où chercher ailleurs l'Hypocrene?

(66) M. *de la Harpe*. Ces vers ont été mis au bas du portrait de *Pafcal*, placé à la tête d'une édition de fes Penfées, imprimée en 1776, fous le nom de *Londres*. Le portrait de Pafcal & les vers de M. de la Harpe ne font pas dans une feconde édition faite en 1778, fous le nom de *Paris*. On attribue la premiere édition à M. *de Condorcet*, & la feconde à *Voltaire*. Au furplus ces deux éditions n'ont point été vendues & les exemplaires en font fort rares.

(67) *Voyez* dans le Journal de Paris de 1783, n°. 94, la copie du billet d'enterrement de *Pafcal*, qui décéda le 29 Août 1662, & fut enterré le furlendemain, & de celui pour inviter au Service qui fut fait à *Defcartes*, le 25 Juin 1667, après que fon corps eut été apporté de Stockolm, où il étoit décédé en 1650. On peut voir à Sainte Genevieve & dans Morery l'épitaphe de Defcartes; elle eft en François & contient des beautés. Je n'ai pas cependant cru devoir l'inférer dans cette Differtation, ne l'ayant trouvée ni affez précife, ni affez bien verfifiée.

épitaphe à Saint-Etienne-du-Mont.) Le Poëte s'eft permis de fixer fa mort à *trente* ans ; c'eft cependant à *trente-trois* qu'il a compofé (en 1656) fes *Lettres Provinciales*. La mefure du vers a probablement décidé M. *de la Harpe* à cet anacronifme ; mais cette excufe me paroît d'autant moins recevable, qu'il en réfulte la fauffeté de l'idée que préfente le dernier & le plus beau des vers.

La *cinquieme*, une épigramme contre l'Abbé *Pellegrin*, qui étoit non-feulement Prêtre, mais de plus Religieux (68), & qui cependant a travaillé pour plufieurs Théâtres, même pour celui de l'Opéra-Comique.

La *fixieme* eft placée par l'Académie Françoife fur le *bufte de Moliere*, dont *d'Alembert* lui a fait préfent. Ce vers eft de M. *Saurin*, & renferme, en peu de mots, tout ce que l'on pouvoit dire fur l'adoption pofthume que cette Compagnie fçavante a faite de cet homme célebre.

Je rapporterai pour *feptieme* & dernier exemple (car je ne prétends pas à beaucoup près épuifer la matiere,) le *Quatrain* que l'on trouve dans le *Journal de Paris* (de 1784, n°. 33), & compofé par M. *Piery*, de Lyon, à l'occafion du Ballon lancé de cette ville le 19 Janvier 1784. J'ajouterai que je fuis convaincu que, même *le Beau* & tous les partifans des Infcriptions en Langue Latine, ne pourroient fe refufer de célébrer dans notre Langue une découverte qui affure à MM. *de Montgolfier* une place dans l'Hiftoire à côté de *Chriftophe Colomb*, dont on voudroit leur faire partager le fort en leur difputant la gloire d'avoir les premiers prouvé qu'il étoit poffible de naviger dans l'air ; mais il faut efpérer que notre fiecle, plus jufte que n'a été celui de *Chriftophe Colomb*, n'accordera ni à *Borelly* ni au Pere *Lana* (69), le même honneur qui a été accordé à *Améric Vefpuce*.

Infcription pour la Ville d'Arcy-fur-Aube (70).

» Plus d'une fois la flamme avoit détruit ces lieux ;
» *Graffin* les rétablit par fa munificence.
» Que ce marbre à jamais ferve à tracer aux yeux,
» Le malheur, le bienfait & la reconnoiffance.

---

(68) Il avoit d'abord été *Religieux Servite* & obtint enfuite un Bref de tranflation dans l'*Ordre de Cluny*.

(69) On a voulu contefter à MM. *de Montgolfier* leur découverte, que l'on a prétendu être confignée dans l'ouvrage que *Borelly* a dédié à la Reine *Chriftine* de Suede, ou dans celui du Jéfuite *Lana*, intitulé *Magifterium naturæ & artis*, & que ce Savant a publié à peu près dans le même tems que parut l'ouvrage de Borelly. *Voyez* les pieces de ce procès, que le public impartial a jugé en faveur de MM. *de Montgolfier*, dans la *Gazette de France* du 26 Décembre 1783, article de Naples ; dans le *Mercure de France*, n°. 52, du 27 Décembre 1783, page 173--175, & n°. 4, du 24 Janvier 1784, pag. 177--181, & dans le *Journal de Paris*, 1781, n°^{s}. 275 & 288 ; 1782, n°^{s}. 74 & 94.

(70) Dans l'édition de 1776, des Œuvres de *Piron*, & dont je viens de parler, on a oublié les trois premiers mots du premier vers ; je la rapporte ici telle qu'on la lit fur le marbre à *Arcy-fur-Aube*.

Inscription pour une Fontaine.

» Toujours vive, abondante & pure,
» Un doux penchant regle mon cours;
» Heureux l'ami de la Nature
» Qui voit ainsi couler ses jours.

Epitaphe de M. de Chevert.

» Ci-gît
» François de Chevert,
» Commandeur, Grand'Croix de l'Ordre de Saint Louis,
» Chevalier de l'Aigle Blanc de Pologne,
» Gouverneur de Givet & Charlemont,
» Lieutenant Général des Armées du Roi.
» Sans ayeux, sans fortune, sans appui,
» Orphelin dès l'enfance,
» Il entra au service à l'âge de onze ans;
» Il s'éleva, malgré l'envie, à force de mérite,
» Et chaque grade fut le prix d'une action d'éclat;
» Le seul titre de Maréchal de France
» A manqué, non pas à sa gloire,
» Mais à l'exemple de ceux
» Qui le prendront pour modele.
» Il étoit né à Verdun-sur-Meuse
» Le 2 Février 1695; il mourut à Paris
» Le 24 Janvier 1769.

Epitaphe pour Pascal.

» Par la Nature instruit, prodige dès l'enfance,
» Son esprit créateur devina la science
» Des calculs & des mouvemens;
» De l'Homme & de Dieu même interrogea l'essence,
» Connut l'art des bons mots & l'art de l'éloquence,
» Admirez & pleurez; il mourut à trente ans.

Epigramme contre l'Abbé Pellegrin.

» Le matin Catholique, & le soir Idolâtre;
» Il dîne de l'Autel, & soupe du Théâtre.

Vers pour le buste de Moliere, *placé dans la Salle d'assemblée de l'Académie Françoise.*

» Rien ne manque à sa gloire, il manquoit à la nôtre.

Quatrain à l'occasion du Ballon de Lyon.

» Lorsque d'un front majestueux,
» Qu'embellissoit la modestie,
» Montgolfier s'éleva près du séjour des Dieux,
» Il approchoit de sa patrie.

A ces preuves, que je regarde comme concluantes pour mon système, je pourrois ajouter plusieurs pieces de vers, notamment le Sonnet de l'*Avorton* & celui de *Desbareaux*, &c. Mais cette Dissertation deviendroit un volume; je ne peux cependant me refuser d'insérer ici la définition du TEMS, par le célebre *Rousseau*; il me semble que ce tableau est un morceau fini; je sçais qu'il y en a d'aussi beaux dans les Auteurs anciens, (Grecs & Latins) mais je doute que l'on en trouve de supérieurs, & les vers de *Martial* (71), qui ont le même objet, ne me paroissent pas avoir autant de beautés; preuve de ce que j'ai déja dit dans la présente Dissertation, que les torts supposés à notre Langue ne sont pas les siens, mais ceux des Auteurs, & que les expressions ne manquent jamais à l'homme de génie.

Ce Vieillard qui d'un vol agile
Fuit, sans jamais être arrêté,
Le Tems, cette image mobile
De l'immobile Eternité,
A peine du sein des ténebres
Fait éclore les faits célebres,
Qu'il les replonge dans la nuit :
Auteur de tout ce qui doit être,
Il détruit tout ce qu'il fait naître
A mesure qu'il le produit.

SECONDE PROPOSITION.

Qu'il existe des vers François aussi précis & aussi énergiques qu'aucuns vers Latins.

10.
Vers François aussi précis & aussi énergiques qu'aucuns vers Latins,

D'après l'observation préliminaire que j'ai placée avant la premiere Proposition que je viens d'établir, je me contenterai de citer les autorités que je me rappelle & qui me paroissent prouver ma seconde Proposition; au surplus, j'ai cru devoir les ranger sous le nom des différens Auteurs dont elles sont tirées, & placer ces Auteurs par ordre alphabétique, comme le plus commode.

---

(71) *Omnia tempus edax depascitur, omnia carpit*
Omnia sede movet, nil sinit esse diu.

en Latin ou en François ?

Boileau.

. . . . Soyez simple avec art, \
Sublime sans orgueil, agréable sans fard. \
. . . . \
. . . . . Un beau désordre est un effet de l'art. } (*Art Poétique.*) \
. . . . \
Qu'en un lieu, qu'en un jour, un seul fait accompli, \
Tienne jusqu'à la fin le théâtre rempli.

Rien n'est beau que le vrai; le vrai seul est aimable. (*Epitre* 9.)

Aujourd'hui dans un casque, & demain dans un froc. (*Satyre* 8.)

Quatre bœufs attelés, d'un pas tranquille & lent, \
Promenoient dans Paris le Monarque indolent. \
. . . . } (*Du Lutrin.*) \
            La mollesse oppressée. . . . . \
Soupire, étend les bras, ferme l'œil & s'endort.

Pierre *Corneille.*

A vaincre sans péril on triomphe sans gloire. \
. . . . } (*Le Cid.*) \
L'amour n'est qu'un plaisir, l'honneur est un devoir.

Thomas *Corneille.*

Le crime fait la honte, & non pas l'échafaut. (*Comte d'Essex.*)

Destouches.

La critique est aisée, & l'art est difficile. (*du Glorieux.*)

Gresset.

L'esprit qu'on veut avoir, gâte celui qu'on a. \
. . . . } (*Du Méchant.*) \
Des Protégés si bas, des Protecteurs si bêtes.

Le Pere *le Moine*, Jésuite (72).

Et ces vastes pays d'azur & de lumiere, \
Tirés du sein du vuide, & formés sans matiere, \
Arrondis sans compas, suspendus sans pivot, \
Ont à peine coûté la dépense d'un mot.

---

(72) On avoit cru ces vers de Voltaire, mais on a découvert qu'ils sont du Pere le Moine; on les a trouvés dans ses ouvrages imprimés en 1672. Ce Jésuite étoit né en 1602, & mourut en 1672.

Les Inscriptions doivent-elles être rédigées

Racine.

Ainsi que la vertu, le crime a ses degrés. (*Phedre.*)

Je crains Dieu, cher Abner, & n'ai point d'autre crainte.

.... } (*Athalie.*)

Pour réparer des ans l'irréparable outrage.

L'Eternel est son nom, le Monde est son ouvrage. (*Esther.*)

Racine le fils.

(La Grace ouvre le cœur, & dessile les yeux)... } (*Poëme de la Grace.*)
La gloire est sans attraits, la volupté sans charme.

Voltaire.

Agir, parler, punir & pardonner en Dieu. (*Mahomet.*)

L'amitié d'un grand homme est un bienfait des Dieux. (*Œdipe.*)

Souffrir est son destin, bénir est son partage,
Elle (*la Rel.*) prie en secret pour l'ingrat qui l'outrage.
....
L'Eternel en ses mains tient seul nos destinées;
Il fait, quand il lui plaît, veiller sur nos années.
....
Quand un Roi veut le crime, il est trop obéi.
....
Il prit, quitta, reprit la cuirasse & la haire.
....
La foudre est dans ses yeux, la mort est dans ses mains.
....
La peine a ses plaisirs, le péril a ses charmes.
.... } (*La Henriade.*)
Il étoit dans ce temple un Sénat vénérable,
Propice à l'innocence, au crime redoutable...
Le seul bien de l'Etat fait son ambition.........
Et pour nos Libertés, toujours prompt à s'armer,
Connoît Rome, l'honore & la fait réprimer.
....
Il (*Henri IV*) reconnoît l'Eglise ici bas combattue,
Eglise toujours une, & par-tout étendue,
Libre, mais, sous un chef, adorant en tout lieu
Dans le bonheur des Saints la grandeur de son Dieu.
Le Christ, de nos péchés victime renaissante,
De ses Elus chéris, nourriture vivante,
Descend sur les Autels à ses yeux éperdus,
Et lui découvre un Dieu sous un pain qui n'est plus.

TROISIEME PROPOSITION.

Que plusieurs de nos Auteurs, en s'appropriant les idées des anciens, les ont rendues en François avec autant de précision qu'elles le sont dans les Auteurs Latins.

Cette derniere Proposition est la plus difficile à prouver; elle ne peut s'établir qu'en rapprochant les textes des Auteurs anciens & François qui présentent les mêmes idées; je crois que j'aurois pu la supprimer comme n'étant pas nécessaire à mon système; mais elle m'a paru y ajouter un argument que j'ai cru sans réplique: cependant je prie mes Lecteurs de se rappeller ce que j'ai observé sur les traductions dans le som. 3 ci-dessus ; j'ajouterai avec Boileau, *que cela ne s'appelle pas imiter, c'est jouter contre son original* (73); j'obferverai de plus que les deux citations d'*Horace* & de *Juvenal*, & leur traduction par *Boileau*, qui se trouvent *note* 33 ci-dessus, devroient être naturellement placées ici & servir de preuve à la proposition que je me propose d'établir; je n'en dirai pas autant de la citation de *Perse*, qui fait partie de cette *note*. Le Latin est plus concis; cependant on pourroit soutenir que l'idée est mieux rendue en François; quoi qu'il en soit, je vais réunir ici à l'appui de cette troisieme Proposition les exemples que ma mémoire me fournira; je mettrai d'abord le texte Latin & ensuite le François, & je placerai ces citations, en suivant l'ordre alphabétique des Auteurs Latins.

Comparaison des mêmes idées rendues en Latin & en François.

Saint Augustin.

Vitiorum omnium humanorum causa superbia est.

Il (*l'orgueil*) enfante le crime & corrompt la vertu. (*Poëme de la Grace.*)
Tyran qui cede au crime, & détruit les vertus. (*Voltaire.*)

Horace.

Diruit, ædificat, mutat quadrata rotundis. (Liv. I, Ep. I.)
Défait, refait, augmente, ôte, éleve, détruit. (*Boileau, Sat. VIII.*)
O cives, cives, quærenda pecunia primùm est ;
Virtus post nummos. (Epit. I, Liv. I.)
La vertu sans l'argent n'est qu'un meuble inutile. (*Boileau, Ep. V.*)
Animum rege, qui nisi paret,
Imperat, hunc frænis, hunc tu compesce catenâ (Livre I, Ep. II.)
Et pour le rendre libre, il le faut enchaîner. (*Boileau, Sat. X.*)
Fœcundi calices quem non fecere disertum ? (Livre I, Epit. V.)
Le vin au plus muet fournissant des paroles. (*Boileau, Satyre III.*)

---

(73) *Voyez* la note de M. *Broffette*, sur le quatrieme vers du discours au Roi, *de Boileau*.

Les Inscriptions doivent-elles être rédigées

Naturam expellas furcâ, tamen usque recurret. (Liv. I, Ep. X.)
Le naturel toujours fort & sçait se montrer. (*Boileau, Sat. II.*)
Chassez le naturel, il revient au galop. (*Destouches, du Glorieux.*)

Cum tot sustineas, & tanta negotia solus. (Epitre 1re du Livre II.)
Soutiens tout par toi-même, & vois tout par tes yeux. (*Boileau, Disc. au Roi.*)

Tu nihil invitâ dices, facies ve Minervâ. (Art Poétique.)
Pour lui Phebus est sourd, & Pégaze est rétif. (*Art Poétique de Boileau.*)

Cui lecta potenter erit res,
Nec facundia deseret hunc, nec lucidus ordo. (Art Poétique.)
Ce que l'on conçoit bien, s'énonce clairement,
Et les mots pour le dire arrivent aisément. (*Art Poétique de Boileau.*)

Primo ne medium, medio ne discrepet imum,
Denique, sit quod vis, simplex duntaxat, & unum. (Art Poétique.)
Que le début, la fin, répondent au milieu.....
N'y formant qu'un seul tout de diverses parties. (*Art Poétique de Boileau.*)

Si paulum à summo discessit, vergit ad imum. (Art Poétique.)
Qui ne vole au sommet, tombe au plus bas degré. (*Boileau, Sat. IX.*)

Brevis esse laboro
Obscurus fio. (Art Poétique.)
J'évite d'être long, & je deviens obscur. (*Boileau, Art Poét.*)

Versate diu quid ferre recusent
Quid valeant humeri. (Art. Poét.)
...... Consultez long-tems votre esprit & vos forces. (*Boil. Art Poét.*)

Si vis me flere, dolendum est
Primum ipsi tibi. (Art Poétique.)
Pour me tirer des pleurs, il faut que vous pleuriez. (*Boil. Art Poét.*)

Parvula (nam exemplo est) magni formica laboris.
Ore trahit quodcumque potest atque addit acervo
Quem struit, haud ignara ac non incauta futuri ;
Quæ simul, inversum contristat aquarius annum,
Non usquam prorepit & illis utitur ante
Quæsitis sapiens. (Liv. I, Sat. I.)
La fourmi tous les ans traversant les guerets,
Grossit ses magasins des trésors de Cérès ;
Et dès que l'Aquilon, ramenant la froidure,
Vient de ses noirs frimats attrister la Nature,
Cet animal, tapi dans son obscurité,
Jouit l'hiver des biens conquis durant l'été. (*Boileau, Satyre VIII.*)

Peccatis

Æquum est
Peccatis veniam poscentem reddere rursus. (Liv. I, Sat. III.)
Si tu veux qu'on t'épargne, épargne aussi les autres. (*La Fontaine.*)
Cui male si palpere, recalcitrat undique tutus (Liv. II, Sat. I.)
Qui regimbent toujours, quelque main qui les flatte (*Boileau*, *Ep. IX.*)

Ut attica virgo
Cum Sacris Cereris, procedit fuscus hydaspes
Cæcuba vina ferens. (Livre II, Sat. VIII.)
Un Valet le portoit, marchant à pas comptés,
Comme un Recteur suivi des quatre Facultés. (*Boileau, Satyre III.*)

Saint Jérôme.

Qui scribit, multos sumit judices : alius in alterius
Ridet ac grassatur ingenium. (Ep. XXIX.)

Il se soumet lui-même aux caprices d'autrui,
Et ses écrits tous seuls doivent parler pour lui. (*Boileau, Sat. IX.*)

Juvenal.

Tanquam
Mancus, & extinctæ corpus non utile dextræ (Satyre III.)
Ainsi qu'un corps sans ame ou devenu perclus. (*Boileau, Sat. I.*)
— *Maneant qui nigra in candida vertunt.* (Satyre III.)
Ce qui fut blanc au fond rendu noir par la forme. (*Boileau, Sat. I.*)

Rhedarum transitus arcto
Vicorum inflexu, & stantis convicia mandræ
Eripiunt somnum. (Sat. III.)
J'entens déja par-tout les charrettes courir,
Les Maçons travailler, les boutiques s'ouvrir. (*Boileau, Sat. VI.*).

Modo longa coruscat,
Sarraco veniente, abies atque altera pinum
Plaustra vehunt, nutant altè populoque minantur. (Sat. III.)
Là, sur une charrette, une poutre branlante,
Vient, menaçant de loin la foule qu'elle augmente. (*Boileau, Sat. VI.*)

Cum furem nemo timeret
Caulibus aut pomis, & aperto viveret horto. (Sat. VI.)
Aucun n'avoit d'enclos ni de champ séparé. (*Boileau, Sat. II.*)
Si fortuna volet, fies de Rhetore consul. (Satyre VII.)
D'un Pédant, quand il veut (*le Sort*), sçait faire un Duc & Pair. (*Boil. Sat. I.*)

Les Inscriptions doivent-elles être rédigées

-- *Nobilitas sola est atque unica virtus.* (Sat. VIII.)
La vertu d'un cœur noble est la marque certaine. (*Boileau, Sat. V.*)
Unus pellæo juveni non sufficit orbis :
Æstuat infelix, angusto limite mundi. (Sat. X.)
Qui ? cet écervelé, qui mit l'Asie en cendre ?......
Maître du monde entier, s'y trouvoit trop serré. (*Boileau, Sat. VIII.*)

Ovide.

Sors tua mortalis, non est mortale quod optas. (Métamorph. Liv. II.)
Tes destins sont d'un homme, & tes vœux sont d'un Dieu. (*Volt. Disc. de la liberté.*)
Impatiens animus nec adhuc tractabilis arte,
Respuit atque odio verba monentis habet. (Lib. I, de Rem. amoris.)
Un esprit turbulent que rien ne peut dompter,
Méprise un bon conseil, sans vouloir l'écouter. (74)
Quale sit id quod amas, celeri circonspice mento,
Et tua læsuro subtrahe colla jugo. (De remedio amoris.)
Connoissez promptement l'objet qui vous enchaîne ;
D'un fâcheux esclavage épargnez-vous la peine.

Perse.

Dicenda, tacendaque calles. (Sat. IV.).
. . . . qui sçait & parler & se taire. (*Boileau, Ep. V.*)

Seneque.

Qui genus jactat suum
Aliena laudat. (Tragédie.)
(Mais je ne puis souffrir qu'un fat). . . . . .
... me vante un honneur qui ne vient pas de lui. (*Boileau, Sat. V.*)
Non est ad astra mollis è terris via.
Aucun chemin de fleurs ne conduit à la gloire. (*La Fontaine.*)

Térence.

At ego infelix, neque ridiculus esse, neque plagas pati
Possum.   (Scene 2 de l'acte 2 de l'*Eunuque.*)
Je ne sçai point en lâche essuyer les outrages. (*Boileau, Sat. I.*)

---

(74) Je ne me rappelle pas l'Auteur de ces deux vers François, ni des deux suivans.

Virgile.

Defcripfit radio totum qui gentibus orbem. (Eglogue III.)
Dans le tour d'un compas a mefuré les Cieux. (*Boileau, Sat. VIII.*)

Tantæne animis Cæleſtibus iræ? (Æneid.)
Tant de fiel entre-t-il dans l'ame des dévots ? (*Boileau, Ep.*)
Una falus victis nullam fperare falutem. (Æneid.)
Le falut des vaincus eſt de n'en point attendre. (*Racan.*)

www.ingramcontent.com/pod-product-compliance
Lightning Source LLC
Chambersburg PA
CBHW060703050426
42451CB00010B/1252